提炼数据内涵，
回归数学精髓，
提升教学质量。

张景中 2019年10月

丛书主编　方海光

中小学教育大数据分析师系列培训教材

数据驱动的智慧教育

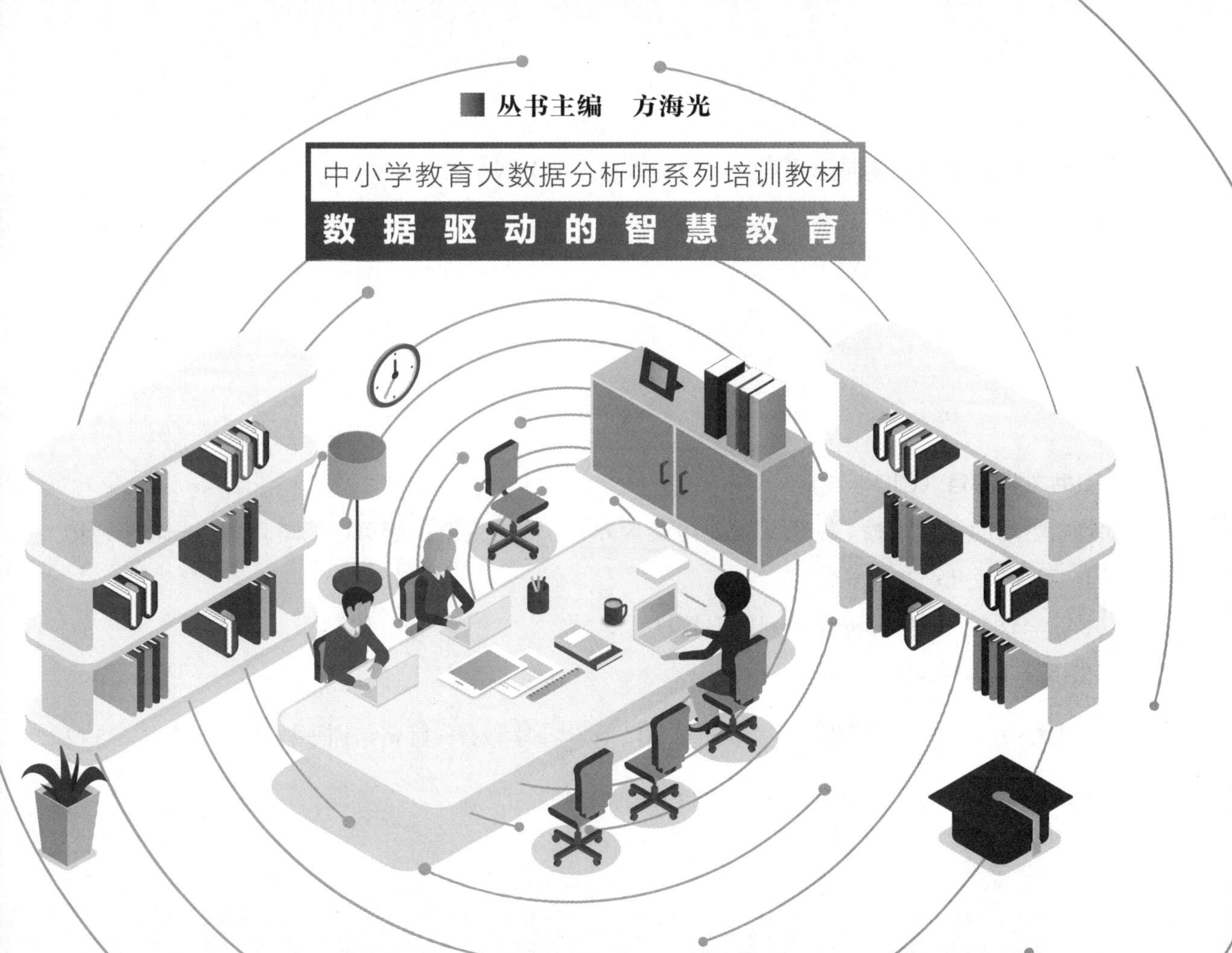

数据驱动的智慧学校

校长数据能力及素养

石群雄 | 主编　　李英　杨琳玲 | 编

電子工業出版社
Publishing House of Electronics Industry
北京 • BEIJING

图书在版编目（CIP）数据

数据驱动的智慧学校．校长数据能力及素养 / 石群雄主编；李英，杨琳玲编．—北京：电子工业出版社，2020.6

中小学教育大数据分析师系列培训教材

ISBN 978-7-121-39090-6

Ⅰ．①数…　Ⅱ．①石…　②李…　③杨…　Ⅲ．①中小学教育－师资培训－教材　Ⅳ．① G635.12

中国版本图书馆 CIP 数据核字（2020）第 103452 号

责任编辑：张贵芹　文字编辑：仝赛赛　邓　峰
印　　刷：涿州市京南印刷厂
装　　订：涿州市京南印刷厂
出版发行：电子工业出版社
　　　　　北京市海淀区万寿路 173 信箱　　邮编 100036
开　　本：787×1092　1/16　印张：27.25　字数：566.8 千字
版　　次：2020 年 6 月第 1 版
印　　次：2020 年 6 月第 1 次印刷
定　　价：140.00 元（全 4 册）

凡所购买电子工业出版社图书有缺损问题，请向购买书店调换。若书店售缺，请与本社发行部联系，联系及邮购电话：（010）88254888，88258888。

质量投诉请发邮件至 zlts@phei.com.cn，盗版侵权举报请发邮件至 dbqq@phei.com.cn。

本书咨询联系方式：（010）88254510，tongss@phei.com.cn。

丛 书 主 编：方海光

本 书 主 编：石群雄

本书编写者：李 英 杨琳玲

指导专家委员会

序　一

近年来，大数据、人工智能等技术在教育管理变革、学习模式变革、教育评价体系变革、教育科学研究变革等方面的作用日益凸显。国家高度重视教育大数据的发展，鼓励教师主动适应信息化时代变革。2018 年 1 月，《中共中央国务院关于全面深化新时代教师队伍建设改革的意见》明确提出，“教师要主动适应信息化、人工智能等新技术变革，积极有效开展教育教学”。2018 年 4 月，教育部印发《教育信息化 2.0 行动计划》，指出要深化教育大数据应用，大力提升教师信息素养。2018 年 8 月，教育部办公厅印发通知，启动人工智能助推教师队伍建设行动试点，将探索应用大数据支持教师工作决策、优化教师管理作为重要试点内容。2019 年 3 月，教育部印发《关于实施全国中小学教师信息技术应用能力提升工程 2.0 的意见》，强调大数据、人工智能等新技术的变革对教师信息素养提出了新要求，教师需要主动适应新技术变革。

当前，随着新技术的不断涌现与发展，很多原有的教育理论都迸发出了新的火花，大数据、人工智能等技术与教育的深度融合，将促进我们加快发展伴随每个人一生的教育、平等面向每个人的教育、适合每个人的教育、更加开放灵活的教育。教育大数据可以让教师读懂学生，让教育教学更加智慧，让教育研究更加科学。教育大数据可以让管理者读懂学校，由“经验式”决策变为“数据辅助式”决策，推动教育、教学、教研、管理、评价等领域的创新发展。

我认识方海光教授好多年了，启动丛书的策划工作时，海光还提出，希望请重量级人物来担纲主编，但我不这么认为。我觉得像他这样的中青年学者已经成长为学科发展的一线主力，理应主动承担起更大的责任。这套丛书的出版确实也让我有眼前一亮的感觉。丛书内容丰富、形式新颖，根据学校的不同角色分成了五个系列：数据思维系列、数据驱动的技术基础系列、数据驱动的智慧学校系列、数据驱动的智慧课堂系列和数据驱动的教育研究系列。丛书符合中小学教师信息技术应用能力提升工程 2.0 的要求，相信将在各级单位信息化领导力培训、信息化教学创新培训、数据能力素养培训等工作中发挥重要作用，能够为教育管理者的数据智能决策提供帮助，为教师教育的研究者提供参考，更值得广大的学校管理者、教师阅读和学习。

希望这套丛书的出版能够促使教育大数据更好地助推教育教学改革和培训教研改革，引领中小学教育的整体变革，进而推动教育的跨越式发展。

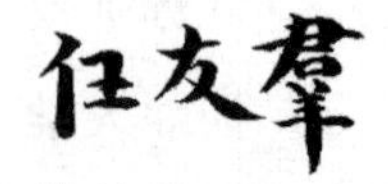

华东师范大学教授　任友群

序　二

国家教育现代化和智慧教育示范区的建设都强调了教育大数据的应用方向，教育大数据中心建设和区域数据互联互通成为当前教育信息化的发展重点。

从我国教育信息化的发展趋势来看，基础环境和资源建设与应用快速推进，师生信息化应用能力和水平显著提升。信息化不断发展带来知识获取方式和传授方式、教与学关系的革命性变化，很多学校面临知识的体系化建设阶段。在大数据和人工智能的环境下，我们面临很多新的问题：如何建设学校的知识体系？如何指导学生的学习过程？学习过程的数字化带来了更多的大数据，人工智能的数据处理引擎带来了更复杂、更精准的应用场景，更自然、更贴近人们日常生活的人机交互带来更直观的体验。各种教育大数据和人工智能应用层出不穷，学校的选择空间很大，但是在此之前，我们必须对学校的定位和自身需求有一个明确的认识：学校为什么需要教育大数据？教育大数据能帮学校做什么？学校是否需要转变应用数据的思维方式？

实际上，教育大数据并不神秘，它一直伴随着数字校园、智慧教室学习环境的建设、学习空间的应用、在线教育的发展等。教育大数据具体可以应用于精准教学、学情分析、精准管理、科学决策、学生生涯成长过程记录、学校数据统一优化。未来学校和智慧教育示范区的建设离不开教育大数据，教育大数据的应用也离不开管理者和师生对它的认识和理解，这些都是产生信息化价值的重要基础。

为了服务新时代大数据、人工智能等技术带来的教育变革需求，促进广大教育工作者深入理解和学习有关教育大数据应用的价值和知识，这套丛书应运而生。这套丛书内容全面、新颖，案例丰富且适合实践，可供关注教育大数据和教师培训的研究者和实践者使用，更值得关注未来学校发展和教师队伍建设的学校使用，也期待丛书能根据使用情况和技术的发展，愈加完善。

北京师范大学教授　黄荣怀

序　三

以人工智能为代表的新一代信息技术对教育的发展具有重要影响，国家高度重视智慧教育的发展，希望加快人工智能在教育领域的创新应用。利用智能技术支撑人才培养模式的创新、教学方法的改革、教育治理能力的提升，构建智能化、网络化、个性化、终身化的教育体系，是推进教育均衡发展、促进教育公平、提高教育质量的重要手段，这也是实现我国教育现代化的重要动力和有力支撑手段。

对于学校，数据将会成为学校最重要的资产，这是教育大数据生态的基石。学校将是一个教育大数据中心，能够实现多层面数据价值的共享。对于课堂，数据的核心价值是形成闭环，并通过这种闭环迭代，使学生的学习效果越来越接近预期目标。如何迎接新时代教育大数据的挑战是学校面临的问题，本套丛书旨在帮助学校应用教育大数据，探索基于数据的思维转变过程，掌握应用教育大数据进行教育创新的方法。

本套丛书采用了新颖的内容组织形式，各册均采用扁平化组织，只有章的结构，没有节的结构。各章的结构要素包括知识检查点、能力里程碑、核心问题、问题串、活动。其中，知识检查点是知识检查的基本单元，能力里程碑是任务完成的标志性能力。各章通过核心问题引发学习者思考，以系列问题串组织内容，引导学习者通过评估性问题和反思性活动进行探究，实现知识学习和能力提升的演化过程。活动包括自主活动、小组活动和评价活动。在自主活动中，学习者首先对本章内容进行反思，反思在平时的教育实践中是否出现过类似的问题或现象等，然后写个人心得，结合本章内容阐述在以后的教学实践中可以有怎样的举措。在小组活动中，集体讨论本章所学内容，然后各抒己见，思考如何改善教学质量，属于小组层面的交流。评价活动用于评价和检测，不仅适用于参加教师培训的教师、教育管理者，还适用于不参加培训的广大学习者。这三个活动的设置符合研修的典型特征，每个活动都有一个聚焦的主题，不限定具体的活动内容，有利于组织者安排工作，根据实际的需要展开活动，也适合学习者的自主学习、反思。

本套丛书分为五个系列，它们分别是：数据思维系列（全 1 册）、数据驱动的技术基础系列（全 4 册）、数据驱动的智慧学校系列（全 4 册）、数据驱动的智慧课堂系列

（全 4 册）、数据驱动的教育研究系列（全 4 册），共计 17 册。本套丛书的任何一册都可以单独组成 8 ～ 12 学时的培训课程，又可以以系列教材为主题组成培训主题单元模块。本套丛书既适用于国家层面、各省、各市、各区县级、各级各类学校进行有组织的教师教育和培训活动，又支持一线教师、教研员、管理者、研究者及教育服务人员的自主学习，还适合大学、研究生及高校教师进行参考和学习。本套丛书难免存在各种问题和不足，恳请各位同仁不吝赐教！

方海光
首都师范大学

前 言

2015 年教育部颁布的《中小学校长信息化领导力标准（试行）》中提出校长是学校信息化工作的带头人，要把握信息技术带来的历史性机遇，引领教育理念变革，促进教学模式创新，推进管理方式转变，加快学校教育现代化步伐。

大数据和人工智能正在逐步改变着各行各业的格局，教育领域也受到了巨大冲击。在今天，能够对学校数据进行精准分析和理性思考的校长将带领着学校高效而又快速地走向发展的快车道，走在新时代教育的最前沿。

本书介绍了学校大数据的来源、分类、特征及采集方法，分析了学校大数据、数据驱动的决策、智慧教育、学习分析之间的关系以及重构“大数据驱动教育评价体系”等问题。通过对本书的学习，校长能够理解学校大数据在学校决策和评价工作中的重要意义，掌握学校管理决策的数据采集方法、原则和技术手段，从而提高信息化领导力水平。

本书基于具体案例，归纳了如何撰写“学校决策数据采集方案”，如何构建“学校评价体系”，以及建设“学习分析系统”的步骤和方法，并对校长在信息化领导力发展中遇到的问题进行了深入的探讨，能够帮助校长掌握正确的方法，从繁杂的数据中发现相关关系，诊断现存问题，预测发展趋势，在管理上做出更加科学、有效的决策。

本书旨在为中小学校长或其他相关干部提供一本提升信息化领导力的学习手册。利用本书，掌握运用信息技术提高数据能力的方法，提升数据素养，进而有针对性地带领学校走进现代化管理。

由于时间仓促和作者水平有限，书中难免有不妥之处，恳请广大读者批评指正！

石群雄

北京教育学院丰台分院

目　录

第一章　校长数据能力及素养的时代要求

本章学习目标

在本章的学习中，要努力达到如下目标：

◆ 了解校长数据能力及素养的内涵（知识检查点 1-1）。

◆ 了解校长信息化领导力的国外研究现状（知识检查点 1-2）。

◆ 了解国家出台的校长信息化领导力重要文件的主要内容（知识检查点 1-3）。

◆ 学习校长数据能力及素养培养的主要内容与途径（知识检查点 1-4）。

◆ 明确数据能力及素养对提升校长信息化领导力的重要作用与意义（能力里程碑 1-1）。

本章核心问题

新时代，数据能力及素养的提升对校长信息化领导力发展的重要作用与意义是什么？

本章内容结构

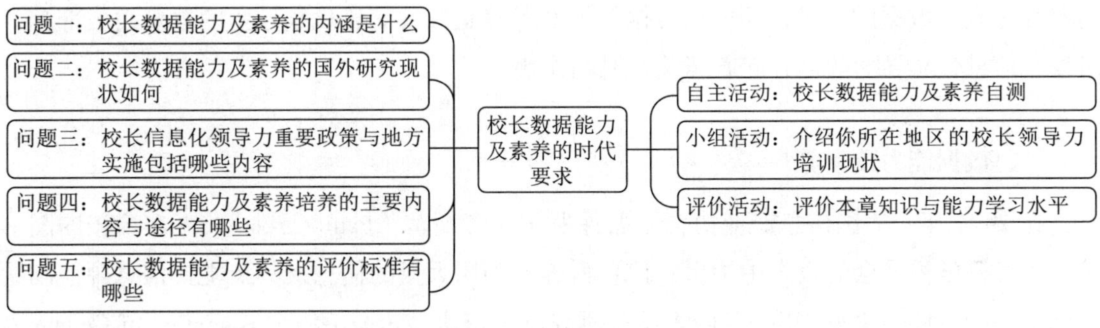

引　言

在大数据与人工智能深度发展的背景下，教育专家及学者对数据素养的研究也正式开始了，智慧教育、数字校园、云课堂以及云管理等产生的大量数据对传统的校长管理体系发起了挑战，数据能力及素养成为新时代校长领导力的核心素养之一，能够对学校数据进行精准分析和理性思考的校长将带领着学校高效而又快速地走向发展的快车道，走在新时代教育的最前沿。

本章在分析有关校长数据能力及素养的国内外文献资料、国家政策要求的基础之上，明确了校长数据能力及素养的内涵，介绍了校长数据能力及素养的主要内容，并提出了校长数据能力及素养的培养途径，力求提升校长对数据能力及素养的重视程度，希望能对学校现代化的管理实践有所帮助。

问题一：校长数据能力及素养的内涵是什么？

学校是教书育人的场所，是为国家培养德、智、体、美、劳全面发展的社会主义建设者和接班人的机构。校长对学校的领导是校长营造学校发展的共同愿景，明晰学校培养目标，实现师生共同价值追求的一种创造性活动。校长只有运用领导与管理的双重手段，才能实现办学效益的最大化。习近平总书记强调指出，没有信息化就没有现代化。以教育信息化推动教育现代化势在必行，而校长信息化领导力的提升成为新时代发展教育现代化的重要环节。

从过程角度出发，刘美凤（北京师范大学）认为校长信息化领导力就是领导者意识到信息技术对教学应用的重要作用，并通过一系列的改革，带领全校师生、员工共同努力，推动学校信息化向前发展的能力。同时，也有学者从能力维度阐释，例如，谢忠新（上海市浦东教育发展研究院）等认为校长信息化领导力是指帮助校长实现信息技术整合课程教学、信息化管理等多个目标的一整套能力，具体包括校长利用信息技术支持教育决策、教学应用、管理服务和监测评估等能力。以上可以看出，校长信息化领导力中的各项能力都离不开对教育数据的应用，而校长数据能力及素养是校长信息化领导力的重要组成部分，对校长信息化领导力的提升起着至关重要的作用。

一、数据能力及素养

在 1974 年，美国信息产业协会主席保罗·泽考斯基（Paul Zurkowski）在给美国图书馆与信息科学委员会的报告中指出：信息素养是利用大量的信息工具及主要信息源使问题得到解决的技能。2000 年，美国大学和研究图书馆协会（ACRL，Association of College & Research Libraries）标准委员会对信息素养给出了较为权威的定义：信息素养是个体明白何时需要信息，并且能够检索、评估和有效使用所需信息的能力。

克劳尔（Kroll）从学习者的角度指出，具备数据素养的学生能够提出有意义的问题，找到相关的数据用以解释问题，能够鉴别有用的数据资源，并以合理的方式收集和分析数据。在科学研究领域，数据素养强调的是理解、使用和管理科学数据的能力。从管理者的层面来讲，数据素养是理解和有效地运用数据做出决策的技能。卡尔森（Carlson）等从数据处理能力的角度指出，数据素养包括运用合理的方式获取所需数据，理解数据的含义，结合数据得出相应的结论。

国内学者张静波（华东师范大学）从研究者的角度指出，数据素养主要指研究者对科学数据的采集、组织和管理、处理和分析、共享与协同创新等方面的能力，以及研究者在数据的生产、管理和发布过程中的道德和行为规范。

在教育领域，目前可查的文献中主要以教师的数据素养为主，迈克尔和苏珊戴尔（Michael & Susan Dell）提出，教师数据素养是指教师收集、分析、解释各种类型的教育数据，并用以优化教学、确定教学方案、进行有效教学。张进良（湖南科技大学）提出，教师的数据素养是指教师在数据采集和管理、分析与共享、协同与创新方面的能力，以及教师在处理数据过程中的伦理道德与行为规范。

那么，究竟什么是校长数据能力及素养呢？综上所述，校长数据能力及素养可以定义为，为实现学校现代化管理，校长在合乎社会道德伦理规范的前提下，拥有运用数据开展领导和管理的意识，具备对数据进行采集、管理、分析、交流以实现教育决策、教学应用、管理服务和监测评估等的能力。

二、校长数据能力及素养的内涵

校长数据能力及素养包含意识引领、能力发展和整合提升三方面的内涵，这三方面相互依存、相互影响。

1. 意识引领。作为学校管理者，校长应该是先进文化和现代化意识的传播者和引领者。校长应该在工作中随时都有提取学校各项数据的意识，认识到数据具有容易获取的显性价值和不容易发现的隐含价值，同时也能引领师生在伦理道德允许的情况下使用数据，尊重他人隐私。校长的数据意识是引领学校实现数据管理的基石。

2. 能力发展。校长的核心工作是对学校工作的价值引导，即做好培养什么样的人和如何培养人这一根本性工作，这就要求校长具备卓越的能力和广阔的视野。校长自身的数据能力关系学校整体的发展，“用数据说话”能够使校长的学校价值阐述更具有说服力，能够更好地发挥示范和领导作用。校长的数据能力发展是学校实现数据管理的前进动力。

3. 整合提升。校长领导的本质是用一种共同的价值追求来统领学校师生的个体价值观，因此，校长需要具备包容的心态和整合的意识，而数据的整合正是优化管理决策的过程。校长应适度地发挥学校内部各系统、各环节的数据作用，通过数据监控和预测，不断优化学校内部结构，从而提升学校的发展潜力。

问题二：校长数据能力及素养的国外研究现状如何？

目前，全世界各国都在对信息化领导力开展研究和实践，其中数据能力及素养是重点提升的项目之一。

美国是世界上较早关注校长信息化领导力的国家，也是最早创立校长信息化领导力提升项目，并形成完整学位培养体系的国家。2003 年，美国教育信息化领导力前沿研究中心（CASTLE）创办了学校信息化领导力倡议（STLI，School Technology Leadership Initiative）课程，课程中有帮助开发数据驱动的决策诊断和创建基于 NETS-A 的绩效评估体系的资源项目，在“数据驱动的决策”这门课程中，STLI 项目的学习者可以学习到基于数据进行决策的技能。

自 2012 年起，美国就以“大数据研发计划”为先导，对与数据相关的教师专业素养标准给出了一系列规定：第一，教学人员应熟知两到三种与教学相关的数据收集与分析软件，能够借助数据分析软件查看学生的学习行为和学习轨迹，并能够对学生学习行为与轨迹进行可视化分析；第二，在教学实践和课程指导的过程中，能够利用线上教育与学生进行互动，能够进行课程的编排与调整；第三，在教学中和教学后，能够从数据的视角进行教与学问题的系统化梳理，全面掌握学生动态，并能及时进行教学决策与调整。

在日本，自 2014 年以来推出了“先导性教育系统实证事业”“先导性教育体制构筑事业”两个项目，选拔了 3 个地区的 12 所实证校，再加 68 所合作学校，以及 11 所被称为“ICT 梦想学校”的试验校，以构建统一的教育云平台为目标，共建教学资源和开放数据，开展云服务、数据分析、教务系统研发等各类试点性实证研究，加强学校与社会及国际间的联系，积累教学资源和实践案例，构建并验证可向全国推广的信息化学校模型。

在芬兰，教育系统和其他所有行业一样，官方数据都由国家统计局采集。各学校的学生管理系统都与芬兰国家统计局联网，校方可直接获取这些数据。有数家公司专门从事数据库的构建工作，为所有的学校建立学生管理系统，收录学生的各项信息，包括成绩、证书与学位等。这些系统由市政府采购，相关公司负责对教师、学校行政人员和学校顾问进行操作培训。

2007 年，以经济合作与发展组织组织的国际学生评估项目（PISA，Program for International Student Assessment）为代表的大规模教育评估引发了校长们对数据的渴求。欧盟的“改进校长工作，提高学生 PISA 学业成就（LISA，Leadership Improvement for Student Achievement）”项目应运而生，堪称建立于大规模评估基础上的学校领导研究的一次创造性尝试。LISA 项目开展了“领导力差异性——荷兰中学校长对学生学业成就影响的研究”“从校长领导力到学生成绩——基于 2007 年 TIMSS 数据的研究”“学校领导力与教师自我效能——基于TALIS数据的研究”三个实验，在实际操作层面上就校长对学生学业成绩的影响和校长对教师自我效能的影响进行了研究。根据保守机密原则，数据仅限于校内使用。最新研究表明，校长对学校发展和学生学业成绩的影响力远远超出人们的想象，甚至起着至关重要的作用。

理论导学

LISA是在对大规模评估数据展开二次分析的基础上，采用多种模型实施定量研究，并与问卷调查和半结构访谈相结合的一个项目，在校长领导力研究方法论上实属创新之举。通过对系统监测与学校内部数据自我采集的融会贯通，LISA把校长领导力研究建立于数据基础上。

在欧洲一体化的框架下，LISA涉及以下4方面利益相关者：①研究者将从产生的新知识、新方法和新工具中获取学术资源；②政策制订者获得关于学校层面分权、责任等方面的信息，便于制订学生发展基准和国家教育政策；③教育行政主管机构利用这些信息确定其战略目标，并从欧盟的维度理解该目标；④样本学校的领导可以从研究合作者的新角色中对学校领导与学校发展加以反思与改进。由此打造一个欧洲教育领导LISA数据共享机制。

LISA走过的路程只是从获取数据到共享数据，而困扰校长的实质性问题在于，这些数据如何用以改善实践，就如学校发展国际网络组织（Network School Development）缔造者多特蒙德教育领导学院（Academy for Educational Leader Dortmund）院长、上海师范大学问教授汉斯君特·罗尔夫（Hans-Günter Rolff）所言，“学校从未像今天这样拥有如此庞大的数据库，然而也从未如此不知所措。问题在于，如何由数据化为行动。”例如丹麦评估院（Danish Evaluation Institute）与丹麦教育研究信息交换中心（Danish Clearing House for Educational Research）便在教育评估过程中对浩瀚数据手足无措。数据富裕与行动贫困俨然构成一对难以化解的矛盾。充分认识数据对改进实践之重要性，并研究哪些方法可以确保实践基于数据，势在必行。罗尔夫就此提出4点建议：①内部评估优先于外部；②自我采集的数据比外部引进的数据更有效度；③外部引进的数据必不可少；④校长须创造性地与数据打交道。通过由他发起并由联邦总统颁发，自2008年起展开的“德意志学校奖”，罗尔夫把建议付诸实践。由此，大规模评估成为一种基于数据的校长领导力，呼唤校长专业化，即校长、教师与学生在学校日常生活与学校变革进程中提升自我评估与自我更新能力。

（摘自：俞可，赵帅.基于数据的校长领导力——以欧洲LISA项目为例，《外国中小学教育》.2011年第12期）

问题三：校长信息化领导力重要政策与地方实施包括哪些内容？

2010年以来，随着“三通两平台”（宽带网络校校通、优质资源班班通、网络学习空间人人通，教育资源公共服务平台建设、教育管理公共服务平台工程建设），以及全国各地数字校园、智慧校园、智慧城市建设步伐的不断推进，教育数据总量呈几何级规模递增。

一、国家重要政策

国家多项文件中专门提出了对学校和校长有关数据素养提升的要求。

2014年教育部研究制订了《中小学校长信息化领导力标准（试行）》，其中基本要求的第三部分“评价推动”中提出：组织评估教师的信息技术应用能力、信息技术与教育教学融合的程度等，依据结果调整教师专业发展策略；组织评估学生的信息素养以及利用信息技术进行学习的能力，不断提高学生协作与创新水平；组织评估学校信息化环境建设状况及终端设备、工具平台、软件资源的使用绩效，促进软硬件资源的有效配置和利用；组织评估学校信息化相关政策制度、专项经费、队伍建设的合理性、有效性，并制订相应整改措施。要求校长创造性地规划设计、组织实施和评价，推动学校信息化工作，与时俱进地引领学校信息化发展，成为符合信息化时代要求的学校带头人。

2016年6月，教育部颁布的《教育信息化“十三五”规划》中提出：建成覆盖各级教育行政部门、全国各级各类学校和相关教育机构的国家教育管理信息化体系，实现教育基础数据的“伴随式收集”和全国互通共享……要建立健全教师信息技术应用能力标准，列入高校和中小学办学水平评估、校长考评的指标体系；加大对校长和教师的培训力度。要在各级各类学校逐步建立由校领导担任首席信息官（CIO）的制度，全面统筹本单位信息化的规划与发展。

2018年4月，教育部颁布的《教育信息化2.0行动计划》中提出：深入开展校长信息化领导力培训，全面提升各级各类学校管理者信息素养。全面提高利用大数据支撑保障教育管理、决策和公共服务的能力，实现教育政务信息系统全面整合和政务信息资源开放共享。做好关键信息基础设施保障，重点保障数据和信息安全，强化隐私保护，建立严密保护、逐层开放、有序共享的良性机制，切实维护好广大师生的切身利益。

2019年2月，中共中央办公厅、国务院办公厅印发的《加快推进教育现代化实施方案（2018－2022年）》中指出：着力构建基于信息技术的新型教育教学模式、教育服务供给方式以及教育治理新模式。创新信息时代教育治理新模式，开展大数据支撑下的教育治理能力优化行动，推动以互联网等信息化手段服务教育教学全过程。

2019年2月，中共中央、国务院印发的《中国教育现代化2035》中指出：建设智能化校园，统筹建设一体化智能化教学、管理与服务平台。利用现代技术加快推动人才培养模式改革，实现规模化教育与个性化培养的有机结合。

2019 年 3 月，《教育部关于实施全国中小学教师信息技术应用能力提升工程 2.0 的意见》中指出：加强校长牵头的学校信息化管理团队建设，围绕学校教育教学改革发展目标制订信息化发展规划和教师研修计划，立足应用、靶向学习，整校推进、全员参与，建立适应学校发展需求的教师信息技术应用能力提升新模式，激发教师提升信息技术应用能力的内生动力，有效提高教育教学质量……变革测评方式，充分利用新技术开展教师研修伴随式数据采集与过程性评价，提高测评助学的精准性。由校领导担任学校首席信息官（CIO），组建由校长领衔、学校相关管理人员构成的学校信息化管理团队，采取国家示范培训先行、各地普及推进的方式，推动面向所有学校的管理团队信息化领导力提升专项培训。

2019 年 6 月，国务院办公厅印发的《关于新时代推进普通高中育人方式改革的指导意见》中提出，指导学校制订选课走班指南，开发课程安排信息管理系统，加大对班级编排、学生管理、教师调配、教学设施配置等方面的统筹力度，提高教学管理水平和资源使用效率，构建规范有序、科学高效的选课走班运行机制。减少高中统考统测和日常考试，加强考试数据分析，认真做好反馈，引导改进教学。

2019 年 6 月，中共中央、国务院印发的《关于深化教育教学改革全面提高义务教育质量的意见》中强调：推进“教育 + 互联网”发展，按照服务教师教学、服务学生学习、服务学校管理的要求，建立覆盖义务教育各年级各学科的数字教育资源体系。加强信息化终端设备及软件管理，建立数字化教学资源进校园审核监管机制。

一系列国家文件都强调了学校需要提高科学管理水平，建立信息化管理体系，这也就更加要求校长具备优秀的数据能力及素养。2010 年以来，校长信息化领导力提升项目在国家、省区市各级展开，对校长信息化领导力的提升起到了很好的促进作用。

二、国家与地方实施

“2010 中国教育信息化领导力高峰论坛”于 2010 年 5 月 26 日至 28 日在黑龙江省哈尔滨市第十四中学召开。论坛提出和发布了《2010 中国教育信息化领导力宣言》，部分内容如下。

身处信息时代，我们直面教育创新的挑战，直面培养创新人才的目标，

直面公众对教育公平与质量的渴求，直面教育信息化领导力的命题与挑战……

我们谨此宣言：

——勇于面对信息化挑战，不回避，不盲从；

——提升信息化领导力，带动教育创新发展；

——深度应用信息技术，打造优质教育品牌；

——无私奉献，优势互补，以和谐合作凝聚力量，促进教育公平。

我们承诺，不断提高领导力、创新力。认真办学，殚精竭虑，着力提高学生的学习能力、实践能力、创新能力，促进学生主动适应社会，开创美好未来。

随后，教育部建立了较为完整的国家基础教育质量数据库和多级数据采集网络。上海作为试点区域，早在2011年开始就建立了“上海市中小学生学业质量绿色指标”体系，在收集学生学业水平数据的基础上，收集了有关学生家庭背景、学习动机、学业负担和师生关系以及教学方式和校长领导力等信息，及时向区县和部分学校反馈评价结果，从而引导教育管理、教学指导、教与学的行为建构在科学数据分析基础之上。

2015年，《青岛市“互联网+教育”行动计划（2016—2018年）》评估报告和《青岛市教育信息化2.0行动计划》（以下简称《2.0行动计划》）发布。《2.0行动计划》提出：从2019年开始推行中小学教育首席信息官制度，到2020年遴选100名“首席信息官”。青岛规定，教育首席信息官需熟知国家有关教育信息化和网络安全方面的政策形势、法律法规，从事教育信息化工作3年以上并具有中级（含）以上专业技术职业资格；负责统筹教育信息化的规划、建设、应用和管理；推进教育信息化与教育教学管理的融合创新发展；掌握教育信息化装备最新发展动态，推广使用信息化新技术、新设备；开展信息化人才培养，组织参与教育信息化培训；全面掌控教育网络舆情和信息安全等工作。

知识链接

学校首席信息官（CIO）

作为中国信息化进程的重要组成部分，“学校CIO”被列入“十三五”规划。“学校CIO”是指通过信息技术解决生源、师资、合作、教学效率等存在于学校中的问题。在校长的领导下，从技术层面、战术层面和战略层面对学校教育信息化环境、信息技术融合教育策略和发展愿景进行规划，并付诸实施、监督、指导和管理。

问题四：校长数据能力及素养培养的主要内容与途径有哪些？

校长数据能力及素养培养应针对数据素养包含的具体内容，从通识教育层面开始，提高校长的数据主体、数据获取、数据安全等意识及数据道德观念，同时，有针对性地学习和利用信息技术对学校数据进行分析、交流，以提升应用数据进行管理的能力。

一、主要内容

1. 校长数据意识和伦理

校长数据意识是指校长在头脑中对教育数据的能动反映，体现在校长能够敏锐地感受、判断、洞察自己教学生活中接触的相关教育数据，并认同教育大数据的价值。在大数据时代数据来源变得广泛、多样，校长在组织学校采集、使用、分享教育数据时应该遵守相关的法律、法规和数据提供方的规定，遵守一些约定俗成的规则。

2. 校长数据获取能力

校长数据获取能力是指校长在日常学校工作中有意识、有目的、有选择地使用工具获取数据的能力。

3. 校长数据处理能力

校长数据处理能力指的是校长使用可视化信息的能力。在大数据背景下，与数据分析有关的技术正不断融入教育领域，如新兴的统计工具能应用一系列分析方法处理获得的数据，从而将教育数据转化为对教学有帮助的学习分析技术，校长的数据处理能力变得越来越重要。同时，还需要从学校发展的综合角度解读各种数据图表和报告，把教育数据和学校各项工作联系在一起，结合相关的数据分析知识对眼前数据所包含的潜在信息，进行正确解释并挖掘出数据背后潜藏的有意义的信息。

4. 校长数据交流能力

校长需要具备运用与主题相关的数据和教育相关共同体进行沟通的能力，也就是是“用数据说话”的能力，主要包括与下属、家长、学生、上级领导基于数据的沟通和交流。

5. 校长数据应用能力

在大数据时代，校长要具备应用数据优化学校管理、完善评价体系以及建立管理预测等能力，它要求校长对学校大数据进行分析，通过数据建模，预测学校在某一阶段的发展趋势，快速识别需要优先完成的任务，及时发现潜在问题，在学校各项工作的执行过程中给予及时的指导和必要的干预。

二、培养途径

校长数据能力及素养的培养需要充分考虑校长的接受度，由简到难、由浅入深，培训内容要符合校长提升需求，开展数据基本知识与道德、数据检索与获取、数据分析与解读、数据评价与管理、数据应用与创新等多层次的数据素养培训。

素养培养应以自我提升和教育行政部门培训相结合的方式进行，一方面每位校长都应该具有努力学习、自我提高的意识，掌握数据获取及处理的能力；另一方面各级教育行政部门和培训机构需要进一步落实国家政策，科学制订学校领导管理人员的教育信息化领导力培训方案，有系统地组织培训，使校长的能力达到教育技术相应的标准。

问题五：校长数据能力及素养的评价标准有哪些?

不同的数据能力及素养框架包含了不同的能力维度和素养指标，上海大学的郝媛玲和沈婷婷以及华东师范大学的隆茜等专家建立了10种数据能力及素养框架，为研究数据能力及素养提供了借鉴。他们综合国内外数据素养教育理念、能力框架及评价标准，制订出包含16项评价指标的校长数据能力及素养评价体系，如表1-1所示。

表1-1 校长数据能力及素养评价体系

评价指标	指标含义
数据意识（X1）	理解数据的含义，知道如何科学管理数据，认识数据的重要性及生命周期等
元数据（X2）	组织相关人员通过电子目录来协助索引，按照学科标准表征数据，体现数据的类型、格式、含义及特征
数据采集（X3）	能够用合理的方法采集或创建数据
数据获取（X4）	能够组织相关人员依据数据检索结果判断现有数据
数据质量控制（X5）	检测数据的正误或相关性，能够判别无效数据
数据处理分析（X6）	利用Excel或SPSS等软件对已有数据进行分析并得出结论
数据评估（X7）	根据数据价值对现有数据做存储、销毁及删除等操作
数据解读（X8）	运用管理知识、数据分析和表达能力解读数据特征和内涵
数据交流（X9）	运用均值、方差等统计量描述数据，用统计图等准确表述数据中隐含的趋势、变化，用最终分析结果来支撑论点
数据可视化（X10）	利用数据可视化软件和媒体形象直观地表达数据内容和研究结论
数据安全（X11）	要求学校信息管理人员从网络安全、物理安全及计算机系统安全等层面采取相关数据保护措施，通过本地备份、远程备份的模式备份数据
数据共享（X12）	通过设置访问权限和许可协议维护数据所有者的权益，通过密码等限制访问方式保护机密敏感内容
数据伦理道德（X13）	尊重教师、学生、家长的隐私数据等
数据引用（X14）	按照标准合理引用数据
数据保存（X15）	将数据分析与处理各个阶段的数据保存在计算机内部或者外部介质中，方便利用或读取
数据管理（X16）	根据数据管理和共享协议，按照生命周期实施相应的管理方案

为了有针对性地开展学习活动，请校长们尝试完成以下问卷，并思考如何在学校开展师生的数据能力及素养的评价。

校长数据能力及素养自测问卷

1. 你的性别：□男　□女

2. 你担任的职务是：□校长或书记　□副校长或副书记　□主任　□副主任　□其他

3. 你所在的学校：□小学　□初中　□高中　□十二年一贯校　□九年一贯校　□完全中学

4. 你所在学校的类型：□普通学校　□县区级示范学校　□地市级示范学校　□省市级示范学校　□国家级示范学校

5. 你的最终学历：□大专　□本科　□研究生　□博士及以上

6. 你是否参加过数据能力及素养提升的相关培训：
□从未参加过　□参加过 1 至 2 次　□参加过 3 至 4 次　□参加过 5 次以上

7. 数据能力及素养评价表

一级指标	二级指标	非常符合	比较符合	一般	不符合
数据意识	你了解教育数据的基本内涵和特征				
	你能够意识到数据对你的校长领导力提升的作用和意义				
	你认识到数据具有容易获取的表层价值和不容易发现的隐含价值				
教育数据获取能力	你了解收集学校数据的方法（如问卷调查法、访谈法、教育试验法等）				
	你能够区分数据来源、格式、类型等特征，能够分类收集数据				
	你能从现有数据中获取学校所需要的各种信息				
	你能有效利用数据收集工具（如问卷、检索工具等）对相关学校管理数据进行收集				
教育数据处理能力	你熟悉教育教学数据分析的一般流程，能保证数据分析的科学、合理				
	你能熟练运用 Excel、SPSS 或 MATLAB 等分析软件对获取的数据做恰当的统计分析				

续表

一级指标	二级指标	非常符合	比较符合	一般	不符合
教育数据处理能力	你能根据对数据的个性化分析，判断数据指向的相关工作的效果				
数据交流能力	你能恰当用统计图如柱状图、折线图等来表征并揭示学校工作的内在规律和趋势变化				
	你能够利用数据发现并解决教育管理方面的问题				
数据管理能力	你能够利用数据分析结果来支撑学校管理决策，改善学校管理策略				
	你能利用数据监测学校教育教学发展情况				
	你能基于数据等客观证据来对自己的管理工作进行总结与反思，有效避免模板式与主观式总结				
	你能通过数据预测出学校下一阶段的发展趋势				
数据伦理	你能遵守数据收集、利用、共享中所涉及的道德和伦理，保护师生、家长的数据隐私				
	你能遵守法律法规，合理合法地获取和使用学校管理数据				
	你能通过数据加密保存或设置访问权限等方法，保护数据安全				
	你能尊重他人的数据，使用数据时符合教育行业规范				

本章内容小结

本章我们学习了校长数据能力及素养的内涵（知识检查点 1-1），了解了相关的国外研究现状（知识检查点 1-2）、重要政策与地方实施（知识检查点 1-3）以及培养的主要内容与途径（知识检查点 1-4），明确了数据能力及素养对提升校长信息化领导力的重要作用与意义（能力里程碑 1-1）。

本章内容的思维导图如图 1-1 所示。

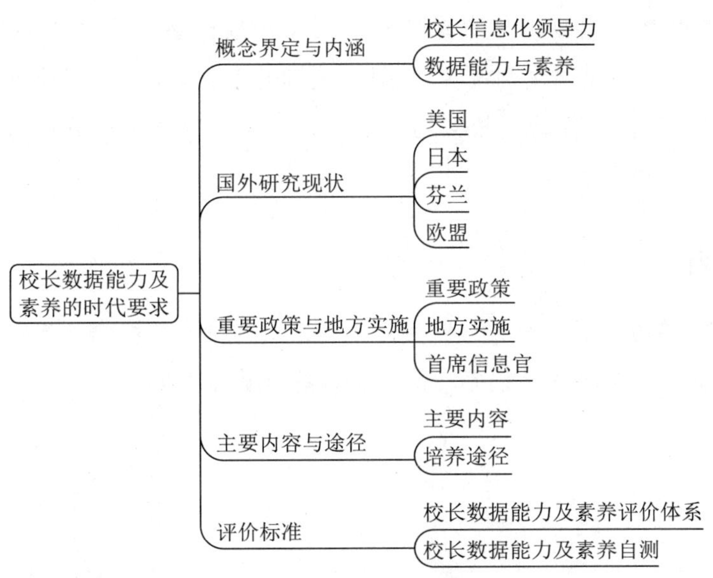

图 1–1　思维导图

自主活动：校长数据能力及素养自测

请学习者在学习完本章内容后，进行自我反思，并记录个人学习心得。

小组活动：介绍你所在地区的校长领导力培训现状

请学习者围绕本章的学习主题进行组内交流，并做好小组学习记录。

评价活动：评价本章知识与能力学习水平

一、名词解释

校长信息化领导力（知识检查点 1–1）

校长数据能力及素养（知识检查点 1–1）

首席信息官（知识检查点 1–4）

二、简述题

1. 你觉得校长领导力数据素养是什么？中小学校长最需要提升的数据素养有哪些（知识检查点 1–1、1–2）。

2. 大数据在教育中的应用越来越广泛，国家的政策要求也一直在落实大数据的应用，但也有人说数据并不能解决学校实际问题，对此你怎么认为(知识检查点1-3、1-4)?

3. 请你回忆一下，在你的学校管理过程中，有没有特别需要数据的地方，你是怎样运用数据的（能力里程碑1-1）?

三、实践项目

请根据前面所学的知识，结合学校实际情况，对你自身的数据素养提升制订一份学习计划，并针对某些亟待解决的学校管理问题制订数据管理方案。

第二章 学校数据概况与数据驱动决策

本章学习目标

在本章的学习中，要努力达到如下目标：

◆ 了解学校数据的概念和特点（知识检查点 2-1）。

◆ 了解学校数据的来源及分类（知识检查点 2-2）。

◆ 理解如何使用数据驱动学校管理决策（能力里程碑 2-1）。

◆ 增强应用数据进行决策的意识（能力里程碑 2-2）。

本章核心问题

学校数据的组成和分类是什么？基于数据的学校决策的步骤是什么？

本章内容结构

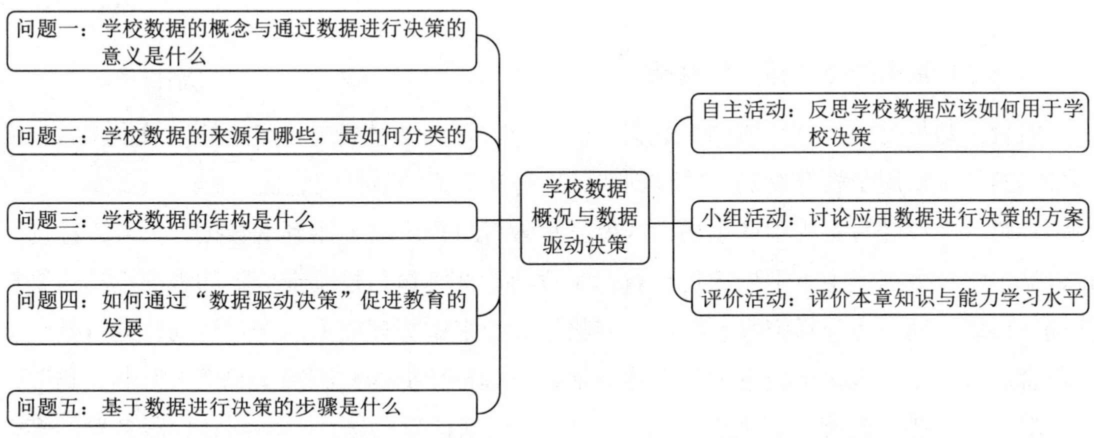

引 言

校长是一所学校的灵魂，是学校办学方向的引领者、教育改革的指导者和教育理论的实践者。他所具备的领导力，是学校发展中不可替代的动力。校长的决策力，是指校长在学校管理工作中，为了保证学校正常运转，促进学校进一步发展而做出决定的能力，也可以通俗地理解为，校长面临问题时，对问题解决方案的选择能力。一个有决策力的校长可以通过科学决策，创建和谐的学校文化，引领教师的专业提升，促进学生的全面发展。

校长制订的每一项决策，都要符合教育教学规律，符合学生身心发展规律，践行立德树人的根本教育任务，对学生和国家的未来负责。在以往的学校决策中，往往是校长个人决策，或者是领导班子集体决策，决策的正确性和科学性大多依赖校长的个人经验、能力和智慧。这样的决策，往往主观性较强，比如对同一种现象，一位校长看来是“问题”，而另一位校长却认为是“事情的满意状态”。

如何帮助校长做出科学、有效的决策？随着教育信息化水平的不断提升、大数据时代的到来和智慧校园的应用，出现了许多新的现象，比如选课走班的教学、个性化的课程设置、学生综合素质评价等，校园中每时每刻都在生成各类数据，这为提高校长的决策水平提供了有力的抓手。

身处信息时代的校长，注定要和大数据“结伴而行”。校长可以借助大数据扫描现实，透视潜在的问题，预测可能的风险。在数据思维的启发和理论与技术的支持下，数据驱动管理、数据协助决策成为现实，这为学校的管理带来了新的挑战和契机，也对学校的教育改革与创新起到了直接而深远的促进作用。

问题一：学校数据的概念与通过数据进行决策的意义是什么？

一、学校数据的概念界定与内涵

教育大数据是指教育领域的大数据，即整个教育活动过程中所产生的以及根据教育需要采集到的一切用于教育发展，并可创造巨大潜在价值的数据集合。

在整个学校教育过程中产生的，或者学校教育过程中需要用到的数据，都可以称为学校数据。学校数据产生于学校的各种教育实践活动，既包括校园环境下的教学活动、管理活动、科研活动，也包括家庭、社区、博物馆、图书馆等环境下的学习活动；既包括线上的教育教学活动，也包括线下的教育教学活动。学校数据的核心源头是“人”和“物”，“人”包括学生、教师、管理者和家长，“物”包括信息系统、校园网站、服务器、多媒体设备等各种教育装备。

处理学校数据不仅仅依赖技术，也是一种能力，即从海量的学校数据中寻找有意义的关联数据，挖掘事物变化规律，准确预测事物发展趋势的能力。学校数据的应用还是一种思维方式，就是让数据开口说话，让数据成为管理者思考问题、进行决策的基本出发点。此外，如何与学校数据共处也是一种学校文化，即“人人产生数据、人人共享数据、人人管理数据”的文化。

学校数据很大，这里的“大”并不仅指数量大，更强调的是价值大，学校数据要能服务于学校的发展，而不是盲目地囊括一切数据。在教育活动中，也会产生大量的、毫无意义的噪声数据。因此，要根据教育应用目的进行数据的过滤与整理，为后期深度挖掘与分析做好准备。同时，要能在繁杂的学校数据之间发现相关关系、诊断现存问题、预测发展趋势，促进学校整体教育教学质量的提升。

二、学校数据的特点

1. 学校数据的采集呈现高度的复杂性。教育活动是人类社会中一种特殊的实践活动，主客体关系复杂、不稳定，教育过程呈现复合结构（教的活动与学的活动并存）。教育业务复杂，无标准化的操作流程和模式，创新人才的培养又需要更多元化、创新性的教学模式与方法。由于缺少标准化的业务流程以及学习方式的多样性和学习地点的不确定性，导致学校数据的采集变得比较复杂。

2. 学校数据的应用需要高度的创造性。学校教育面临公平、质量、减负等一系列重大现实难题，直接影响人民群众对教育的满意度。教育问题比较复杂，要将学校现实问题与数据挖掘、学习分析等先进技术相结合，并创造性地应用这些技术，才能真正促进学校的发展。

3. 学校数据既注重相关关系，又注重因果关系。被誉为“大数据之父”的维克托·舍恩伯格教授认为，大数据时代一个最重要的转变便是从因果关系转向相关关系，不再需要从事实中寻求原因，而要从看似无关的数据中发现某种相关关系。但学校教育以培养人为根本目的，不仅要“知其然”，更要“知其所以然”。唯有洞察到教育问题产生的根本原因，才可能从根本上寻求解决之道。

三、校长通过学校数据进行决策的意义

大数据时代，随着全社会移动终端的普及、云计算服务的发展、大数据分析技术的突破，基于数据分析的管理决策将逐步变成现实。数据驱动决策将成为提高校长领导力的一个新视角，大数据将始终贯穿在校长制订教育决策的各个环节。

利用大数据技术，管理者能够获取学生学习过程中的动态数据，记录教师真实的教学过程，这将比传统教育数据更加全面、真实。不仅如此，学校数据中还蕴藏着大量有价值的教育教学信息，通过对这些数据的挖掘、分析、建模，能够更准确地把握学校的发展现

状，预测学校未来的发展趋势，使校长决策由主观经验总结走向客观数据分析，避免了过去依据个体经验积累来进行学校决策时可能发生的偏差和失误，有助于校长进行更加科学、合理的学校决策。

问题二：学校数据的来源有哪些，是如何分类的？

一、学校数据的来源

在数据来源方面，不同于传统的随机抽样，学校数据采集的是全样本的、即时的数据，能够跟踪、记录个体成长的全过程。

在校园中，如果从数据采集的场所来看，学校数据的来源主要集中于各类教室和各类活动场所，各区域和各场所采集的具体数据如下。

1. 普通教室：包括线下数据和线上数据。

※ 线下数据：学生的学科成绩数据、学习成果数据等。

※ 线上数据：在线学习数据、App 学习数据、学习情感数据等。

2. 专业教室：社团数据、竞赛成绩数据等。

3. 办公室：学生数据、教师数据、管理者数据、班级数据、年级数据等。

4. 德育室：德育数据等。

5. 教学处：课程数据、教学数据等。

6. 科研室：科研数据等。

7. 体育活动场所：进出场馆数据、学生体质数据等。

8. 图书馆：进出数据、查阅数据、借还数据等。

9. 食堂：进出数据、购买数据、充值数据等。

10. 财务室：工资数据等。

11. 医务室：进出数据、就医数据等。

12. 总务处：资产数据等。

13. 心理咨询室：咨询次数数据、学生心理数据等。

二、学校数据的分类

1. 结构化数据。结构化数据是指可以用二维结构来表达的数据，主要通过关系型数据库进行存储和管理。结构化数据适合用二维表存储。

2. 半结构化数据。半结构化数据介于结构化数据和非结构化数据两者之间。半结构化数据本质上是一种结构化数据，但它并无规范的结构，所以无法通过关系型数据库或其他数据表格的形式进行表述，但它可以通过标签或其他标记符来分割语义成分，并形成一定的结构，这种结构也被称作自描述结构，例如简历、XML、JSON、电子邮件等均属于半结构化数据。

3. 非结构化数据。非结构化数据是指数据结构不规则或不完整，包括所有格式的办公文档、文本、图片、图像及音视频信息等。随着网络技术的不断发展，非结构化数据的数据量日趋增大，用于管理结构化数据的基于关系的二维表数据库的局限性越来越明显，因此非结构化数据库应运而生。在非结构化数据库中，字段长度可变，且每个字段的记录由可重复或不可重复的子字段构成，不仅可以处理结构化数据和数字、符号等信息，更适合处理非结构化数据，如全文本、声音、图像、超媒体等数据。

问题三：学校数据的结构是什么？

学校数据的结构可以分为四层，由内到外分别是基础层、状态层、资源层和行为层。

基础层存储学校基础数据，如学校管理信息、行政管理信息等。

状态层存储学校教育装备、环境以及业务的运行状态数据，比如设备的能耗、故障、运行时间、校园空气质量、教室光照和教学进程等。

资源层存储学校在教育过程中生成的各种形态的教学资源，比如教师的课件、微课、教学视频、教学软件、试题试卷等。

行为层存储教师、学生和教育管理者等的行为数据，如学生的学习行为数据、教师的教学行为数据、管理员的系统维护行为数据等。

问题四：如何通过“数据驱动决策”促进教育的发展？

学校数据是学校现代化治理的重要工具，其突出的优势就是在分析事物时注重“量化证据”，不再进行样本分析，而是依赖所有数据，不仅仅揭示因果关系，而且揭示相关关系。可在精致管理、精细教学、精准评价等方面为学校提供决策支持。

在大数据时代，“数据驱动决策”成为优化教育决策的一个新途径，基于大数据提升教育决策科学化的做法已经被国内外广泛认可。在美国，从正式颁布《不让一个孩子落伍法》法案以来，对于教育决策者，利用教育数据进行决策已经不再是一个选项，而成为必需。2013 年，福斯特·普罗沃斯特（Foster Provost）和汤姆·福塞特（Tom Fawcett）在《数据科学与大数据、数据驱动决策的关系》一文中将“数据驱动决策”定义为“基于对数据的分析，而不是仅仅依靠直觉进行决策的实践”。

在我国，2015 年，国务院发布的《促进大数据发展行动纲要》中提出，建立“用数据说话、用数据决策、用数据管理、用数据创新”的管理机制，实现基于数据的科学决策，凸显了大数据驱动政府决策变革的必要价值。同年，“国家教育科学决策服务系统”正式启动。系统上线至今，在数据比较、教育规划发展以及教育目标与指标监测方面取得了较好的效果。该系统深度融合教育与人口、经济、产业发展等方面的数据，以“问题和任务”为导向，深度挖掘数据资源，发挥监测评价、预测预警功能，立体反映出各级各类的教育进展，基本实现了支持国家教育科学决策、监测教育现代化进程的预期目标。

近几年来，北京、江苏等地区都已经将大数据运用于区域教育治理中，具体表现在区域教育质量提升、区域教育管理优化与区域教学问题解决三个方面。区域教育质量提升方面，北京师范大学未来教育高精尖创新中心与北京市教委进行协作探索，持续架构了区域智慧化教育服务体系，包括“智慧学伴”平台、“双师服务”平台、区域教育质量地图及数据质量的核查系统等几个部分，有效推进了北京市教育治理现代化的进程。其中，“智慧学伴”平台利用人工智能技术和大数据技术使区域教育管理部门得以监控教育发展的整体运行情况。“双师服务”平台提供的双师服务为远郊区县的学生合理配置了优秀师资和资源，在一定程度上缩小了北京市区域间的教育差距。

在学校管理中，校长运用“数据驱动决策”时，需要注意三个关键点：

一是建立学校的清晰、可量化评估的管理模型，以此为依据设置相应的数据采集流程和决策策略；

二是最大程度将学校的管理流程数字化、网络化，这是学校能够采集到全面、科学的决策大数据的基础，为此学校应部署相应的传感器与软件系统。

三是建立校园管理大数据的监测平台，让管理者按照权限级别实时掌握学校的教学和管理过程数据。

问题五：基于数据进行决策的步骤是什么？

校长或决策团队进行决策的过程一般包括发现问题、确定目标、拟订方案、决策实施。在整个过程中，校长要不断地在数据和学校使命、办学目标和发展愿景之间建立联系，通过分析不同类型和来源的数据，在目标和数据之间进行匹配，并对达成目标的过程进行持续监控。

基于数据进行决策的过程大致可以分为以下步骤。

一、明确问题、确定目标

一切决策都是从问题开始的。校长要在全面调查研究的基础上明确问题，并抓住问题的关键。问题明确后，校长要制订切实可行的决策目标。制订目标时力求做到具体化、量化；各目标之间要保持一致；目标要主次分明等。

二、收集数据

当问题和目标一旦确定，校长需要收集与其相关的系统数据。这一步非常重要，收集的数据是否全面、有效、可靠，将直接关系到决策工作的质量。因此，检查数据的质量至关重要。对于学校而言，至少要包括学校层面、教师层面和学生层面的数据。

一旦通过数据需求表确定了想要从数据中获得的信息，接下来就需要确定：是否有充足的数据来解决问题？这些数据的来源是什么？属于什么类型的数据？将采用何种有效的方式采集并处理？

三、分析数据

对收集到的数据进行总结、计算和比较，可以是简单的数据分析，比如描述性分析、总结访谈资料；也可以采用更多、更复杂的分析技术进行分析。如果数据量很大，也可以借助专业的第三方数据分析公司进行数据分析。

四、解读数据

把数据分析的结果转化为情境化的、可读性较强的信息，即通过理解数据的呈现形式、数据背后的因果联系等理解数据的深层意义。

五、制订决策

根据数据解读的结果，制订具体的行动方案，确定相应的干预措施及评估计划。决策过程中，仍然需要关注系统性问题。例如，不能因为“数学成绩下降”，就盲目地投入更多资源和时间到数学课程的改进上，这往往会导致“拆了东墙补西墙”。学校要做出一个整体的问题排序，将问题依次解决，并注意决策不能影响一些基本的底线数据，如教师的休息时间、工资水平等。

六、执行计划

将制订好的干预行动付诸实践。此阶段决策者要全程进行跟踪评估，目的是希望通过形成性评价中获得的实时数据提供的有价值的信息，帮助调适干预策略，从而实现干预效果的最大化。

七、评价结果

确定采取的行动是否有效，目标是否达成，问题是否得到解决。要评价结果，需要重新收集干预后产生的新数据并分析、解读。如果干预并没有达到预期的变化，校长需要重新回到决策阶段调整干预或者制订新的干预计划；如果取得了预期的结果，要和全体教职工分享结果，这样既可以增强教职工对数据驱动决策的信心，也可以为今后的决策赢得更多的支持。

本章内容小结

本章我们学习了学校数据的概念和特点（知识检查点 2-1）、学校数据的来源及分类（知识检查点 2-2），明确了学校基于数据进行决策的实施步骤（能力里程碑 2-1），从而增强应用数据进行决策的意识（能力里程碑 2-2）。

本章内容的思维导图如图 2-1 所示。

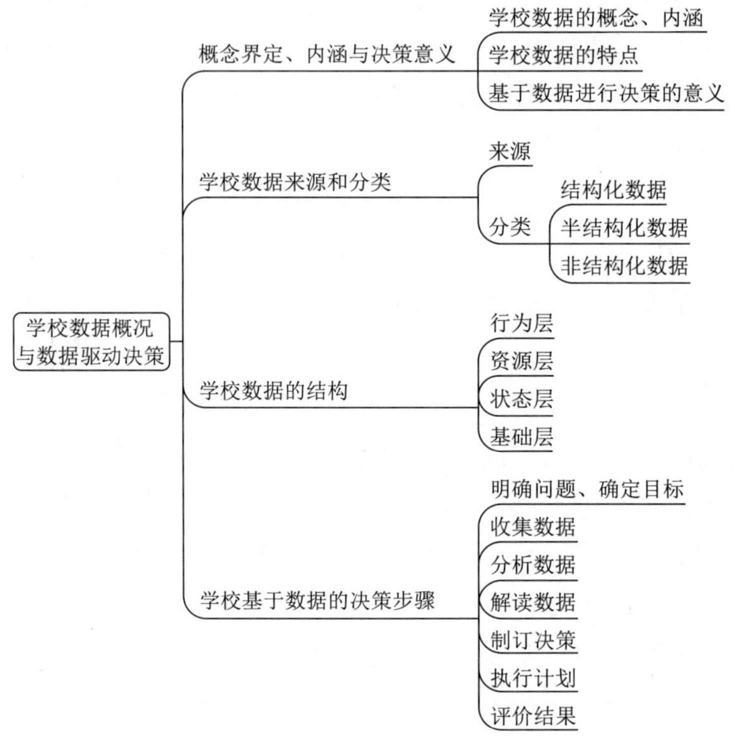

图 2-1　思维导图

自主活动：反思学校数据应该如何用于学校决策

请学习者在学习完本章内容后，进行自我反思，并记录个人学习心得。

小组活动：讨论应用数据进行决策的方案

请学习者围绕本章的学习主题进行组内交流，并做好小组学习记录。

评价活动：评价本章知识与能力学习水平

一、名词解释

学校数据（知识检查点 2-1）

数据驱动决策（能力里程碑 2-1）

二、简述题

1. 简述学校数据的分类，说一说你对学校数据的理解，并对其来源做出阐述（知识检查点 2-1、2-2）。

2. 在学校管理工作中，你是如何依据数据做出决策的（能力里程碑 2-1、2-2）。

三、实践项目

请你选择在学校决策中的一个问题，厘清学校数据的分类，梳理涉及的部门和人员，制订基于数据进行决策的方案和实施流程（能力里程碑 2-1、2-2）。

第三章　构建基于大数据的学校评价体系

本章学习目标

在本章的学习中，要努力达到如下目标：

- ◆ 了解学校评价的概念、内涵和意义（知识检查点 3-1）。
- ◆ 了解运用大数据构建教育综合评价平台的相关知识（知识检查点 3-2）。
- ◆ 掌握大数据如何驱动教育评价体系重构（能力里程碑 3-1）。
- ◆ 提升基于大数据进行学校评价的能力（能力里程碑 3-2）

本章核心问题

大数据时代，该如何进行教育评价？如何构建基于数据的学校评价体系？

本章内容结构

问题一：什么是学校评价
问题二：大数据如何驱动教育评价体系重构
问题三：如何建立教育质量综合评价平台
问题四：如何构建基于大数据的学校评价体系
构建基于大数据的学校评价体系
自主活动：学校的工作如何通过数据进行评价
小组活动：设计基于数据的学校评价方案
评价活动：评价本章知识与能力学习水平

引　言

教育评价是在系统、科学、全面地收集、整理、处理和分析教育数据的基础上，对教育价值做出判断的过程。从微观层面看，教育评价的目的在于对学生进行客观的总结，给学生指出发展方向，并对教师的教学质量进行评估；从宏观层面看，教育评价的目的在于促进教育改革，提高整个国家的教育质量。《国家中长期教育改革和发展规划纲要（2010—

2020年）》指出，要改进教育教学评价，根据培养目标和人才理念，建立科学、多样的评价标准；开展由政府、学校、家长及社会各方面参与的教育质量评价活动；做好学生成长记录，完善综合素质评价；探索促进学生发展的多种评价方式，激励学生乐观向上、自立自强、努力成才。

学校评价体系的建立是学校管理的重要环节，是学校了解自身教育质量与运行效率的重要途径。学校评价体系是学校自身或教育机关等外部机构评价学校的科学依据，它对鉴定学校的发展优势与劣势，并制订改进方案有重要的意义。科学的教育评价体系有利于学校整体工作的协调发展，对学校的管理、教育教学工作起到宏观调控的作用，同时具有导向、诊断、激励、交流等多项功能，有利于促进教育改革的深入发展，促进学校品质的提升。

大数据时代的到来，把数据的价值推向了新的高度，数据资源的作用和影响力逐渐深入。校长运用数据，对学校的教育、教学、管理等方面进行分析，建立合理的评价体系，引领学校的发展，是校长信息化领导力的重要组成部分。

问题一：什么是学校评价?

一、学校评价

学校评价是依据科学的标准，用一定的技术和方法，对学校教育教学与管理等整体工作的过程与结果做出价值判断。其目的在于鉴定、监控和指导学校工作，帮助学校了解自身优势与不足，制订改进计划，促进学校持续发展、促进教学质量持续提高。

二、基于大数据进行学校评价的意义

大数据的发展为学校评价从“经验主义”走向“数据主义”提供了技术条件，评价不再仅仅依靠理念和经验展开，而是通过对学校日常教育教学中教师、学生各种数据信息的采集、分析与推理，从更丰富的维度、更科学的视角对学生综合素质、教师教育教学能力、学校管理等方面进行评价。“靠数据说话”将成为学校评价的理念，学校评价的内容将更全面、数据范围更广泛、数据形式也更趋于多样化。例如，通过大数据技术，可以采集到教与学的全过程数据（包括网络教学平台上记录的档案数据），还能采集到更多学习的情境数据，如地点、时间、个体特征、所用设备、周围环境等，为学校评价提供更全面的数据支持。每个学生都拥有自己的学习档案，持续存储每个学期、每门课程、每节课的学习表现数据。每个教师都拥有一个教学档案，全面其记录每个学期、每门课程的教学表现。基于云计算技术，将档案数据永久存储在云端，同时通过科学的评估模型，对教师和学生

的发展进行定期评估，提出更具针对性的发展建议。学校不仅能对学生在校期间的学业成就进行评价，还能持续跟踪学生毕业后的发展情况，为学校教学质量评估提供更全面、更准确地数据分析结果。

问题二：大数据如何驱动教育评价体系重构？

随着大数据时代的到来，教育质量评价研究加快了量化研究进程，精确的信息让教育质量评价数据化、直观化变为可能，借助前沿技术的发展，评价从宏观群体走向微观个体，相比传统的教育评价更为科学，形成了客观性评价、伴随性评价、综合性评价和智能化评价等多种方式，为学生的自我发展、教师的教学反思、学校的管理质量提升等方面提供了基于数据分析的实证支持。

一、客观性评价

在传统的教育环境下，教师对学生学业的评价，主要依据学生的考试成绩，其次是教师个人的主观印象，导致评价不够全面、客观和理性。教育大数据的出现，强化了教育评价的诊断、引导、调整功能，为学生的全面发展、终身成长提供更为科学的评价指导。

从国家层面来说，基于大数据的教育评价主要关注全国整体的教育质量发展现状，关注点在于教育体系中的结构、效益等各要素之间的协调一致性，描述基础教育质量现状及前景预测，着重标识基础教育的薄弱环节，为国家制订相关政策或决策提供一定的数据支撑和方向指引，使决策有理可循，使决策过程更科学。

对于各省、市、区域来说，基于大数据的教育评价能更全面地了解当地的教育水平、学生发展现状等，并能够与其他地区的数据进行对比，发现当地教育的问题，从而有针对性地进行改善，达到促进地区教育发展的目的。

对于学校及教师而言，基于大数据的教育评价聚焦本校或本班学生的综合素质情况，以及教师教学水平基本情况，并可以与其他学校进行比较，准确把握学校的教育水平。

对于家长和学生来说，基于大数据的教育评价展示了学生的综合素质现状，帮助家长了解孩子的成长情况，发现问题及差异，为更好地培养孩子提供参考方向。学生也可以全面认识自己的综合素质，有助于学生对自身的发展方向、发展路径进行提前规划。

案例：课堂反馈系统在课堂评价中的应用

课堂反馈系统是利用数字化教学平台，让全体学生即时参与反馈的教学评价辅助系统。上课时每个学生手持一个遥控器，根据教师的提问，即时反馈自己的答案，教师可以即时得到全班学生的学习数据。例如，当教师出题后，学生进行选择，教师能马上看到正确率、选项的分布比例及每个学生的答题情况，大大提高了课堂即时评价效率，帮助教师调整教学节奏。此外，即时反馈系统还具有抢答竞赛、淘汰竞赛、即问即答等功能。

课堂反馈系统的应用节省了宝贵的课堂时间，还可以提高学生的课堂参与度，快速收集课堂中的生成性数据，并能进行数据的即时统计分析与呈现，帮助教师高效地评价班级整体、学生个体的学习进度。

二、伴随性评价

随着教育评价的发展，评价方式日趋丰富，从结果导向的总结性评价发展为过程性评价。这种评价重在积累教学过程中学生智能发展的生成性成果，不给学生划分等级，不单纯比较学生成绩高低，而是通过及时记录学生的学习状态、学业表现、学习阶段性反馈等多种数据，对学生的学习情况和水平做出判断。

案例：上海区域性数字化教育评价体系

上海市闵行区教育局依托大数据进行数字化教育评价体系探索。通过基于客观数据的分析，改变了以资料检查、调查访谈和印象评分为主的传统教育评价，用数据来描述区域发展中的教育现象与问题。有了这样一个数据池，区域数字评价体系的建立也就有了依托。学生的评价体系分为身心健康、学业进步、个性技能、成长体验四个部分。系统同时采集区域中每位学生的身体素质数据、校园活动数据、社会实践乃至学生阅读、公益活动等成长数据，构成一个过程性、多来源的伴随式教育评价体系。

三、综合性评价

如果说伴随式评价是对评价方式的改变，使得评价从注重结果转为注重过程，最后实现注重质量，那么综合性评价就是对评价内容的优化。综合性评价不仅评成绩，还要评学习方法、学习兴趣、学习能力、思维与文化等多方面的内容。在对评价内容的改革中，大数据将再次突破评价的片面性，收集学习者多方面的学习信息，如文化背景、家庭背景、学习风格、学习能力、认知水平等。

案例：基于数据挖掘技术的综合素质评价

上海七宝中学立足于学校数字化建设实践，探索面向数据关联特征的应用体系建设，设计了以评价数据为核心的数字化校园应用体系模型，在多元评价模式及数字化校园应用体系的支撑下，应用数据挖掘技术对海量数据进行分析，以进行学生综合素质的评价。学校设计了学生多元评价系统的数据分析方案。综合素质评价体系分为行为规范、心理素养、学业水平、人文素养、艺术特长、科技创新、体能素质、学习能力、社会综合九大部分。该系统通过对学生不同方面的评价，运用数据挖掘技术，考察学生的综合情况，给出综合性评价。例如，系统数据分析结果发现，学习能力和科技创新表现出较强的相关关系，那么，在培养学生科技创新能力时，可以同时关注学习能力的锻炼；系统发现学生心理素养和社会综合活动的强关联关系后，对于社会活动能力较弱的学生，可以在心理素质培养方面给予更多的关注等。

四、智能化评价

大数据的一个明显特点就是数量庞大、维度丰富。若想收集、处理、分析这些庞大且繁杂的数据，离不开数据分析技术。因此，教育评价的手段要对应地从传统人工统计转变为用智能技术自动收集学生各方面的大量数据，通过智能化的计算与可视化呈现，实现教育评价的智能化。

案例：在线平台的智能评价

xx 平台凭借其智能评价技术，不仅可以即时完成对英语作文的评分工作，还能够同时对学生给出用词、搭配等方面的修改建议等。这是因为在平台的后台数据库中，存储了庞大的英语本族语语料库。语料库越丰富，评价的客观性就越高，机器批改与人工批改的一致率就越高。机器批改作文时，基于搜索和抓取技术，通过将学生作文与语料库在“词汇”“句子”“篇章结构”“内容相关度”等维度进行拆分、对比，就可以针对每篇作文给出综合得分，并且可以对其中的主要维度，如师生参与进程、学生写作时段分布、学生自主学习效果、学生易错点等进行详细分析与可视化呈现。

智能化的评价手段，不仅能让学生在提交作文后即时看到自己的得分，还可以让学生准确发现所有需要修改的语法错误、词语搭配不当、错误单词等，并能看到系统根据智能算法给出的修改建议，这大大激发了学生修改作文的积极性。

案例：智慧课堂评价系统

北京市丰台师范附属小学使用 xx 智慧课堂评价系统，用智慧评价手段评估学生的学习状况。该系统可以根据教学目标快速组卷出题，实现即时练习与成绩分析。

首先，教师进行单元整体教学研究，把所有知识点变成可检测的点，针对检测点进行命题，并对题目难易程度进行标注。例如，五年级口算测试模块中，教师设定口算条件后，系统就可以随机生成数量不等的测试题目推送给学生。学生提交答案后，教师就能在检测屏中看到学生的答题情况，系统用绿色条表示正确的答案，用红色条表示错误的答案，线段的长度是这位同学做题所用的时间。智能化的评价手段，使师生对于学习情况一目了然。例如，教师在后台标注的较容易的题目，但系统给出的结果是学生在该题目上普遍费时较长，说明这个题目实际上是偏难的，需要对题目难度进行调整或者进行补充教学。

智能化的评价手段，不仅为教师节省了大量时间，也帮助学生了解了自己的学习情况，实现了教与学效率的大幅提高。

问题三：如何建立教育质量综合评价平台？

构建教育质量综合评价平台的步骤如下。

一、总体规划

可统一开发国家、省市、区域、学校的教育质量综合评价系统，并开放数据接口。各级教育机构通过在系统中进行日常教育教学管理，向上提供决策的数据支撑，向下提供信息查询和传输接口，形成自上而下、自下而上的数据循环体系，从而使各级教育机构能高效利用教育数据，从数据中发现巨大价值。

二、建立综合评价指标体系

教育部初步拟定了《中小学教育质量综合评价指标框架（试行）》，以学生的品德发展水平、学业发展水平、身心发展水平、兴趣特长养成、学业负担状况五个方面作为评价中小学校教育质量的主要内容，并把它们再细化为20个详细的指标，全面阐述了中小学教育质量评价内容。结合上述中小学教育质量综合评价指标框架，我们可以将教育质量评价分为学生综合素质评价及教师教学质量评价，据此进行教育质量综合评价指标体系的建设。

1. 学生综合素质评价指标体系

（1）品德发展水平。主要考查学生品德认知和行为表现等方面的情况，可以通过行为习惯、公民素养、人格品质、理想信念等关键性指标进行评价，促进学生逐步形成正确的世界观、人生观、价值观。

（2）学业发展水平。主要考查学生对各学科课程标准所要求内容的掌握情况，可以通过知识技能、学科思想方法、实践能力、创新意识等关键性指标进行评价，促进学生打好终身学习和发展的基础。

（3）身心发展水平。主要考查学生身体素质和心理素质等方面的情况，可以通过身体机能、健康生活方式、审美修养、情绪行为调控、人际沟通等关键性指标进行评价，促进学生形成健康的体魄和良好的心理适应能力。

（4）兴趣特长养成。主要考查学生学习的主动性、积极性等方面的情况，可以通过好奇心、求知欲、爱好、特长、潜能发展等关键性指标进行评价，促进学生的个性发展和可持续发展。

（5）学业负担状况。主要考查学生的客观学习负担和主观学习感受，可以通过学习时间、课业质量、课业难度、学习压力等关键性指标进行评价，减轻学生过重的课业负担，提高学习的有效性和乐趣。

2. 教师教学质量评价指标体系

对于教师教学质量的评价，目前来看，各地区、各学校的评价指标不尽相同，这也与各地的关注点不同有关。教师的教学质量评价通常分为两个方面：第一是教师的个人属性，也可以称为硬性指标，如教师的职称、教龄、获奖成果等；第二是教师的教学指标，如教学内容、教学方法、教学态度、教学效果等。其中，教学内容包括课堂中所讲授内容的科学性、信息量、教学进度安排等；教学方法指教师组织教学的方法，包括课堂互动、板书、讲课思路是否清晰等；教学态度主要指教师讲课的精神状态、言行举止；教学效果指学生对知识的接受程度，可以和学生综合评价结果相结合。通过在系统中录入教师基本信息、学生对教师的评价以及教师日常活动数据，形成对教师教学的完整描述。

在指标体系建设过程中，要遵循系统性原则，各个指标之间有一定的逻辑关系，自上而下，能够切实反映学生综合素质及教师的教学水平。另外，还要遵循方便、可操作、可量化原则，选取简单明了、直观性强、便于收集的指标，方便后期的数据收集，同时也能确保评价的有效性。

三、依据指标体系收集、清洗数据

根据建设完成的指标体系进行数据的清洗、收集工作，将各数据实时传入评价平台，各级教育机构在该平台中进行日常的业务活动，收集学生综合素质评价材料、教育教学活动等信息，实时传输数据。对于平台中产生的大量结构化、半结构化及非结构化数据，要构建数据采集方法，通过算法实现数据的清洗及预处理，再进行数据分析，形成对学校教育现状的实时监测与评价，使评价结果能反映学校的教育现状。

四、通过平台的评价机制，可视化地展示评价结果

将清洗后的数据依据平台的评价模型进行分析处理，得到综合评价结果，从多个方面全面地反映区域、学校的教育现状，评价结果采用图、表、分析报告三种形式进行描述，通过可视化的方式展示评价结果，能清晰明了地展示学校的教育现状，更好地推动和促进学校的后期发展。

问题四：如何构建基于大数据的学校评价体系？

一、评价模型的构建

一般来说，学校评价体系涉及四个层次。第一层是数据采集层，即对需要评价的相关数据进行采集；第二层是实时分析层，即对采集到的数据进行分析；第三层是结果发布层，即形成评价报告，展示教师考评、学生自评、班级纵向与横向比较数据；第四层是质量提升层，即针对评价报告，改进学校、教师、学生家长的后续工作。

以学生学业评价模型为例进行说明，如图 3–1 所示。

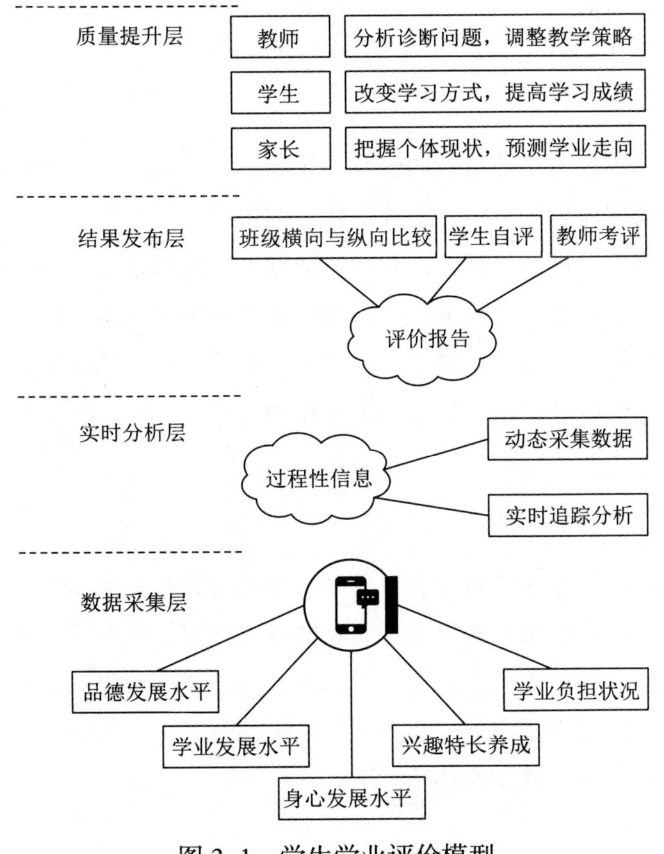

图 3–1 学生学业评价模型

数据采集层是评价体系的关键性内容，需要确定数据采集的类别和具体指标。以“学生学业评价模型”为例，需要采集的数据类别和具体指标包括以下 5 个方面：一是学生品德发展水平，含行为习惯、公民素养、人格品质和理想信念 4 个关键指标；二是学生学业发展水平，含知识技能、学科思想方法、实践能力和创新意识 4 个关键指标；三是学生身心发展水平，含身体机能、生活方式、审美修养、情绪调控和人际沟通 5 个关键指标；四是学生兴趣特长养成，含好奇心、求知欲、爱好、特长和潜能发展 5 个关键指标；五是学生学业负担状况，含学习时间、课业质量、课业难度和学习压力 4 个关键指标。

实时分析层包括教学过程实时动态采集系统和教学资源实时追踪系统，可以有效地记录和监测学生学习与教师教学过程中的信息，让教师随时发现学生的学习状态变化及自身教学过程中存在的问题。

结果发布层实现及时反馈、实时交互等功能，通过教师考评、学生自评、班级的横向与纵向比较等全方位、多元化的评价方式，对学业成绩形成评价报告，精确反馈学生学业质量进步状况，让家长和学生随时了解其学业状况。

质量提升层建立在结果发布层的基础上，在这一层，教师能够分析诊断问题，及时进行教学反思与教学策略调整；学生可以改变学习方式，提高学业成绩；家长可以把握学生现状，预测学生学业走向。

二、评价过程

1. 确定评价的内容。确定评价的内容和评价指标，才能有针对性地进行评价。
2. 数据采集。根据需要的数据，对评价体系的内容进行采集。
3. 评价分析。收集过程性数据，并对这些数据不断进行动态采集、实时追踪和分析。
4. 评价结果。分析数据后对数据进行整理，形成标准化和定制化报告。
5. 决策建议。根据分析结果，对学校管理者、教师、家长等提出相应的建议。
6. 质量提升。提供改进建议，促进相关工作的改进。

本章内容小结

本章我们学习了学校评价的概念、内涵和意义（知识检查点 3-1），了解了运用大数据构建教育综合评价平台的相关知识（知识检查点 3-2），学会了大数据驱动教育评价体系重构的过程（能力里程碑 3-1），提升了基于大数据进行学校评价的能力（能力里程碑 3-2）。

本章内容的思维导图如图 3-2 所示。

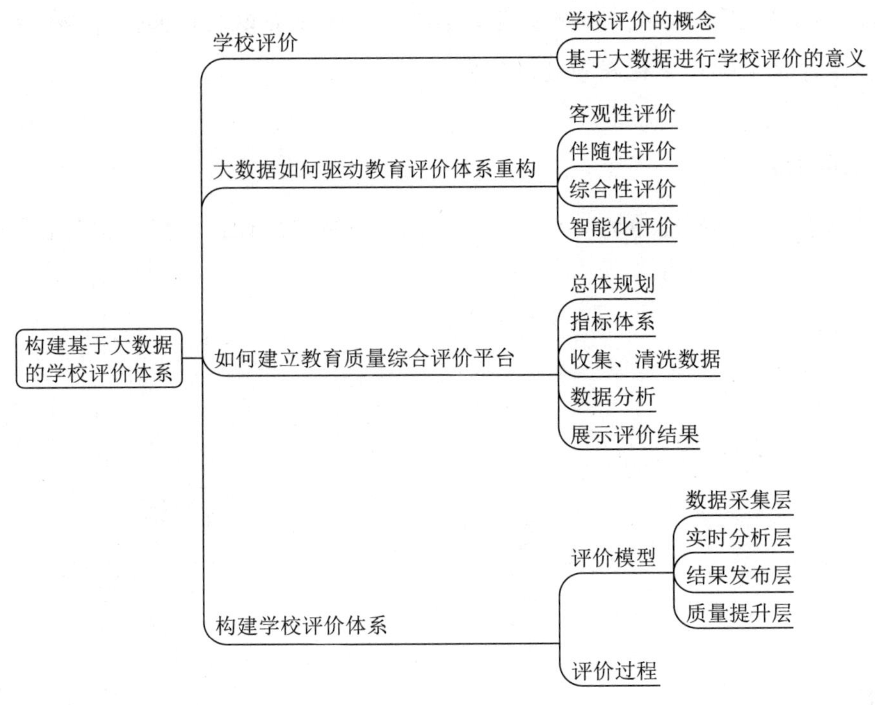

图 3-2 思维导图

自主活动：学校的工作如何通过数据进行评价

请学习者在学习完本章内容后，进行自我反思，并记录个人学习心得。

小组活动：设计基于数据的学校评价方案

请学习者围绕本章的学习主题进行组内交流，并做好小组学习记录。

评价活动：评价本章知识与能力学习水平

一、名词解释

学校评价（知识检查点 3-1）

智能化评价（能力里程碑 3-1）

二、简述题

1. 你在学校管理工作中是如何运用数据对工作进行评价的？评价指标是如何确立的（知识检查点 3-1、3-2）？

2. 请结合你的日常工作，举例说明在学生、教师或管理工作的评价中比较成熟的评价体系的构建过程（能力里程碑3-1、3-2）。

三、实践项目

请你选择当前学校管理中的一个问题，设计一个完整的评价方案（能力里程碑3-2）。

第四章 学校数据的采集方法和技术

本章学习目标

在本章的学习中，要努力达到如下目标：

◆ 了解学校数据采集的概念和特征（知识检查点 4–1）。

◆ 了解学校数据采集的方法（知识检查点 4–2）。

◆ 掌握学校数据采集的技术（能力里程碑 4–1）。

◆ 学会设计学校数据采集方案（能力里程碑 4–2）。

本章核心问题

如何设计学校数据采集方案?

本章内容结构

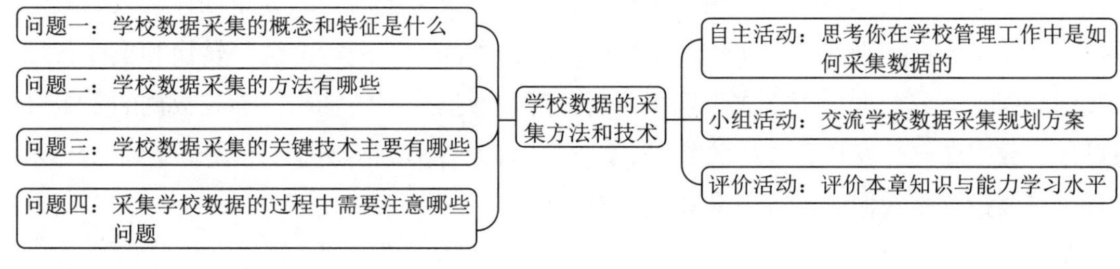

引 言

大数据时代，教育将从“用经验说话”转到“用数据说话”。大数据技术的应用，不在于掌握庞大的数据信息，而在于对这些数据进行专业化处理，即能从繁杂的教育数据中发现相关关系、诊断现存问题、预测发展趋势，使其得以增值。随着人工智能、数据挖掘、机器学习、移动互联网等技术的发展，教育领域的数据处理与应用正逐步走向成熟。与传统教育数据相比，教育大数据的采集具有更强的实时性、连贯性、全面性和自然性，其分析处理更加复杂和多样，应用更加多元、深入和个性化。我们在收集大数据时，首先需要有选择性地采集、存储与分析数据，帮助我们从前所未有的视角判断决策方案的可行性，了解隐藏在数据背后的真实问题，从而在管理上做出更加科学的决策。

问题一：学校数据采集的概念和特征是什么？

一、学校数据采集

2012 年 10 月，美国教育部发布的《通过教育数据挖掘和学习分析促进教育学》报告中提出，教育大数据应用的技术挑战主要有以下三方面。

其一，大数据的应用基础是拥有海量的数据，这对数据存储技术以及数据处理和分析技术提出了挑战，上述技术中包括计算机硬件的数据处理能力、超级计算机算法技术等。

其二，应用教育大数据，数据采集和问题解决分析是核心环节，应用开发者面对的是数据采集技术和问题解决分析技术的挑战。专家表示："如果有 100 人投入到教育大数据的应用工作中，那么需要其中的 99 人投入数据采集技术和问题解决分析技术的研究工作之中。"

其三，数据兼容性挑战，不同数据存储系统中的数据编码和格式的不统一，造成不同系统间的数据共享困难，导致这一问题的主要原因是建设和购买各个系统时，缺乏统一规划，无法形成统一的数据平台。

由此可见，学校管理者在决策时，面临的主要问题就是如何采集到决策所需要的数据，采用什么样的数据采集方法和技术，如何在正确的时间得到有效的信息，为决策者做出决策提供依据。

什么是学校数据采集呢？就是运用相关工具，将决策中需要的分布在异构数据源中的数据（如关系数据、平面数据文件等）抽取到临时中间层后进行清洗、转换和集成，最后加载到数据仓库或数据集中，成为联机分析处理、数据挖掘的基础。学校数据的采集可以通过多个数据库接受发自客户端的数据（如师生通过 App 或传感器等形式采集到的数据），并且可以通过这些数据库进行查询和处理等工作。

二、学校数据采集的特征

1. 传统学校数据采集的特征

传统的数据采集比较单一，且存储、管理和分析的数据量相对较小，采用关系型数据库和并行数据仓库即可处理。

2. 大数据时代学校数据采集的特征

在大数据时代，移动通信、云计算、传感器等新技术逐步融入数据的采集过程，可以在不影响师生正常教育教学的情况下，实时、持续地采集到更多的、微观的教与学过程性数据，比如学生的学习轨迹、在每道作业题上思考的时间、教师提问的次数和微笑的次数等。数据的结构更加复杂，常规的结构化数据（如学生的成绩、学籍、考勤记录等）依旧重要，但非结构化数据（如教师的课件、图片、教学软件等）将越来越占据主导地位。

学校数据采集的主要特征是并发访问量高，因为可能会有大量的数据访问和操作同时发生，所以需要在采集端部署大量数据库，并且需要思考如何使这些数据库负载均衡，如何对数据库分片等问题。

问题二：学校数据采集的方法有哪些?

学校数据较为复杂，采集的方法也多种多样。根据学校数据的四层结构模型来看，不同层次的数据，其采集方法与应用场景也不一样。数据采集的难度逐层增加，行为层数据的采集最为复杂多变。

学校数据采集方法与应用场景比较，如表 4–1 所示。

表 4-1　学校数据采集方法与应用场景比较

数据层次	数据采集方法	数据应用场景
基础层	人工采集、数据交换	宏观掌控学校教育发展现状，科学制订学校发展规划，合理配置教育教学资源和完善学校管理体系等
状态层	人工记录、传感器感知	学校教育装备的智能管理、教育环境的智能优化和教育业务的实时监控等
资源层	专门建设、动态生成	学校多种形式的教学与培训，如课堂教学、教师培训、网络探究学习和移动学习等
行为层	日志记录、情境感知	学生个性化学习、发展性评价、学习路径推送和教学行为预测等

1. 基础层数据

基础层的数据属于高度结构化的学校数据，其采集包括两个方面：一方面，通过定期的人工采集，实现国家规定的教育基础数据的逐级上报，比如每年的招生、教师招聘等新产生的学校数据；另一方面，通过系统之间的数据交换，实现数据的采集与更新，比如通过学籍系统、人事系统、资产系统等定期进行自下而上的系统数据更新。

2. 状态层数据

状态层数据的采集方法有人工记录和传感器感知。随着传感技术的普及和应用，未来的教育装备、教育环境以及教育业务的运行状态将实现全天候、全自动化的记录监控。

3. 资源层数据

资源层数据形态多样，数据量大，大多属于非结构化的数据，采集方法主要分为两种：一种是专门建设的资源数据库，比如教师精品开放课程资源、各种学习培训资源与工具、教师自行开发的教学课件、教学资源等；另一种是动态生成的数据，比如师生在教学过程中产生的各种生成性资源（如试题、笔记等）。

4. 行为层数据

行为层的数据有很多种，在大数据时代可以采集到更多、更细微的教育教学行为数据。比如学生在何时何地应用何种终端浏览了哪些视频课件、观看了多长时间、浏览的先后顺序、是否跳跃观看等行为都将以日志的方式被保存下来。GPS 定位、情境感知和移动通信等技术使得各种教与学行为的日志信息更加丰富，不仅可以记录什么人在什么时间、什么地点做了什么事，还可以采集到行为发生时周边的环境信息、个人体征信息和情绪状态信息等。这些看似无用的数据都将成为后期数据挖掘与学习行为分析的宝贵数据源，为学校管理决策提供数据支持。

问题三：学校数据采集的关键技术主要有哪些?

学校数据的采集需要综合应用多种技术，如网络数据采集技术、系统日志采集技术、物联网感知技术、情感识别技术等，每种技术采集的数据范围和重点有所不同。

下面主要介绍网络数据采集技术和系统日志采集技术。

一、网络数据采集技术

网络数据采集也称为“网页抓屏”“数据挖掘”和“网络收割”。网络数据采集技术是指通过网络爬虫或网站公开 API 等方式从网站上获取数据信息。该方法可以将非结构化数据从网页中抽取出来，将其以结构化的方式存储为统一的本地数据文件。它支持图片、音频、视频等文件或附件的采集，附件与正文可以自动关联。

网络数据采集技术主要包括以下六个模块：

1. 网站页面分析。进入目标网站，爬取网页上的全部内容。这一步的主要目的是分析网站的结构，找到目标数据所在位置，并设计最高效的爬取方法。

2. 链接抽取。从该网页的内容中抽取出备选链接。

3. 链接过滤。根据制订的过滤规则选择链接，并过滤掉已经爬取过的链接。

4. 内容抽取。从网页中抽取目标内容。

5. 爬取 URL 队列。为爬虫提供需要爬取的网页链接。

6. 数据。包含三方面，即需要抓取数据网站的 URL 信息、已经抓取过数据的网页 URL、经过抽取的网页内容。

数据的采集过程包括以下 9 个方面：

1. 先在 URL 队列中写入一个或多个目标链接作为爬虫爬取信息的起点。

2. 爬虫从 URL 队列中读取链接，并访问该网站。

3. 从该网站爬取内容。

4. 从网页内容中抽取出目标数据和所有 URL 链接。

5. 从数据库中读取已经抓取过内容的网页网址。

6. 过滤 URL。将当前队列中的 URL 和已经抓取过的 URL 进行比较。

7. 如果该网页地址没有被抓取过，则将该地址写入数据库，并访问该网站；如果该地址已经被抓取过，则放弃对这个地址的抓取操作。

8. 获取该地址的网页内容，并抽取出所需属性的内容值。

9. 将抽取的网页内容写入数据库，并将抓取到的新链接加入 URL 队列。

二、系统日志采集技术

系统日志文件中存储了大量的用户及系统的操作信息，能够详细记录系统每天发生的各种各样的事件。通过日志采集技术，可以有效地筛选出有用的信息，一方面，可以实时监控教育设备及资产的运行状况；另一方面，可以详细记录用户的操作行为，如系统登录次数、登录时间、增删查改等基本信息。

很多互联网企业都有自己的海量数据采集工具，多用于系统日志采集。如 Hadoop 的 Chukwa，Cloudera 的 Flume，Facebook 的 Scribe 等，这些工具均采用分布式架构，能满足每秒数百兆的日志数据采集和传输需求。

网络管理中常用来采集系统日志的方式包括文本方式、SNMP Trap 方式和 Syslog 方式。

1. 文本方式

通过文本方式采集日志数据主要是指邮件或 FTP 方式。邮件方式是指在安全设备内设定报警或通知条件，当符合条件的事件发生时，相关情况被一一记录下来，然后在某一时间由安全设备或系统主动将这些日志信息以邮件形式发给邮件接收者，属于被动采集日志数据方式。其中的日志信息通常以文本方式传送，传送的信息量相对少且需专业人员才能看懂。采用 FTP 方式必须事先开发特定的采集程序采集日志数据，每次连接都是完整下载整个日志文本文件，网络传输数据量可能非常大。

随着网络的高速发展，以上两种采集数据的方式无法满足数据采集的更高要求。文本方式只能在采集日志数据范围小、速度比较慢的网络中使用，一般不被采用。

2. SNMP Trap 方式

建立在简单网络管理协议 SNMP 上的网络管理，SNMP Trap 是基于 SNMP MIB 的，因为SNMP MIB 定义了这个设备都有哪些信息可以被收集，哪些 Trap 的触发条件可以被定义，只有符合 Trap 触发条件的事件才被发送出去。人们在使用 SNMP Trap 采集日志时，生成 Trap 消息的事件由 Trap 代理内部定义，而不是通用格式定义。用该方式采集日志数据只能在 SNMP 下进行，生成的消息格式单独定义，对于不支持 SNMP 的设备通用性不是很强。

由于网络结构和网络技术的多样性，SNMP Trap 方式面对不同厂商的产品采集日志数据方式需单独编程处理，并要全面解释所有日志信息才能有效采集到日志数据，因此通用性不强。

3. Syslog 方式

已成为工业标准协议的系统日志 (Syslog) 协议，可用来记录系统中的任何事件，管理者可以通过查看系统记录，随时掌握系统状况。它能够接收远程系统的日志记录，在一个日志中按时间顺序处理多个记录，并以文件形式存盘。使用这种方式采集数据，不需要连接多个系统，就可以在一个位置查看所有的记录。

当今网络设备普遍支持 Syslog 协议，几乎所有的网络设备都可以通过 Syslog 协议将日志信息以用户数据报协议（UDP）方式传送到远端服务器，远端接收日志服务器根据 syslog.conf 配置文件中的配置处理本机，接收访问系统的日志信息，把指定的事件写入特定文件中，供后台数据库管理和响应之用。这意味着可以让任何事件登录到一台或多台服务器上，以备后台数据库分析远端设备的事件。

问题四：采集学校数据的过程中需要注意哪些问题？

为了保证可持续地采集高质量的数据，在实践过程中我们需要注意以下几个问题。

一、数据的采集需要提前规划

学校数据的采集工作是一项系统工程，需要进行顶层设计，以便有目的、有序地采集到高质量的符合决策需要的数据。采集前要撰写规划设计方案，规划设计方案的内容包括以下几个方面：

1. 数据采集的范围；
2. 使用的数据采集技术；
3. 数据采集环境的部署；
4. 数据采集质量的保障措施；
5. 数据的应用目的和场景；
6. 数据的存储方案；
7. 数据的更新机制；
8. 数据的交换标准。

二、数据的采集要有清晰的边界

学校数据的采集要有清晰的边界，不要盲目采集学校教育活动中的任何数据，究竟要采集哪些数据，取决于要决策的问题和数据的应用目的。

例如，为了评估学生的学习情况，有必要对课程浏览、作业练习、交流互动等数据进行实时采集和分析，而没有必要采集学生的运动、饮食等数据。采集数据时，要根据具体的应用目的规定“数据边界”，任何数据分析模型的构建都需要依赖特定的数据集合，只有这样，才能保证分析结果的有效性。

三、数据的采集要保持连续性和规范性

为了保证后期数据的融通互换和一致化处理，学校数据的采集要保持连续性，即要根据前期规划设计，定期、连续、有规律地采集各种教育数据，通过长时间积累，从小数据生成大数据。比如，很多时候，一个学生一次考试的成绩并不能说明问题；但是，如果将一个班级每位学生历次的考试成绩数据，甚至考试的过程数据全部采集到，就可以客观评估学生的整体学习效果，发现学习盲点，诊断教学难点，从而进行有针对性的教学和个性化辅导，这样的考试数据便有价值，可以作为决策的依据。

四、数据的采集粒度要尽可能小

数据粒度是指数据的细化和综合程度。一般来说，细化程度越高，粒度越小；细化程度越低，粒度越大。小的粒度能够提供详尽的数据，但要占用较多的存储空间，需要较长的查询时间。大的粒度能快速、方便地进行查询，但不能提供过细的数据。

采集学校数据时，在保证数据有效性的基础上，数据粒度要尽可能小，以便从中挖掘更多的潜在价值。传统的教育数据在采集学生的作业和试卷时，最后采集到的仅仅是一个表征成绩的数字符号，采集的数据粒度比较大。但通过基于网络学习平台或点阵数码笔采

集技术，能够采集到每位学生的答题过程，如做每道题的时间、答案修改的次数等，这样的数据粒度就比较小，更能够精准地反映学生在哪些知识点上有疑惑。

五、数据平台的兼容性问题

数据平台的兼容性问题是在采集学校数据时必须重点关注的问题。目前，学校已有的学生信息系统、信息管理平台等也存在数据结构和数据格式不统一的问题。因此，在学校未来的信息化建设中，对于类似系统的规划和建设要采取顶层设计的原则，对数据格式和结构进行统一的规范，使得学校各级管理系统的数据可以实现无障碍的迁移和共享。

六、数据的采集要符合伦理道德

学校数据采集过程中，要注意法律制度和伦理道德问题。学校数据采集的源头来自广大学生、教师及家长；数据繁杂多样，包括成绩、排名、家庭背景等诸多涉及个人隐私的信息。目前，国内在教育数据隐私保护方面的法律法规还不健全，因此，学校在规划大数据应用时，要遵守相应的法规和制度，如数据使用和共享审查制度、数据的分级保护制度等，并通过部署防火墙、认证系统等对访问进行筛选，防止数据的泄露和篡改。

另外，学校数据的使用还需要建立一个相互信任的环境，不加选择地随意使用数据也会有风险。比如，学校运用大数据来预测学生的职业生涯，然后迫使学生接受这样的职业发展轨迹，其父母就可能会担心他们的孩子被剥夺了未来，就不再愿意让自己孩子的个人数据被收集、被使用，因为这些数据有可能用来阻止学生去学习他们热衷的专业，而不是勇于改善学习的过程。如果没有得到学生和家长的信任，不仅数据将越来越难收集，而且人们还可能提供虚假的数据。在学校数据的采集和分析过程中，校长要经常召开相关会议，让学校其他管理者、教师、学生和家长共同参与。

本章内容小结

本章我们学习了学校数据采集的概念、特征（知识检查点 4-1），学校数据采集的方法（知识检查点 4-2），掌握了对学校数据进行采集的方法和技术（能力里程碑 4-1），学会了设计学校数据采集方案（能力里程碑 4-2），提升了校长对学校数据采集的认识。

本章内容的思维导图如图 4-1 所示。

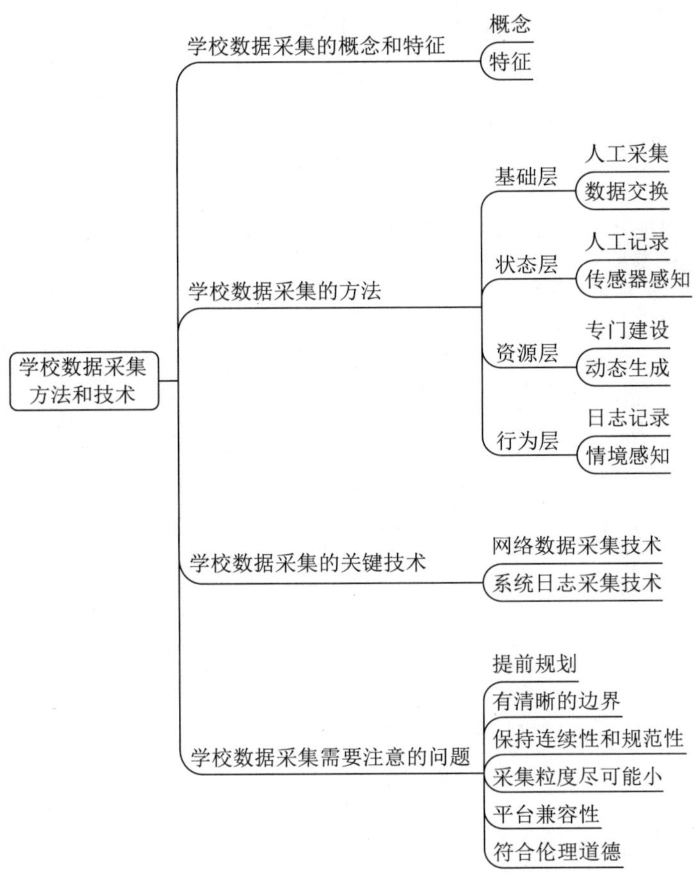

图 4-1 思维导图

自主活动：思考你在学校管理工作中是如何采集数据的

请学习者在学习完本章内容后，进行自我反思，并记录个人学习心得。

小组活动：交流学校数据采集规划方案

请学习者围绕本章的学习主题进行组内交流，并做好小组学习记录。

评价活动：评价本章知识与能力学习水平

一、简述题

1. 学校管理工作都需要采集哪些数据？会遇到什么问题？如何解决（知识检查点 4-1、4-2）？

2. 请介绍一下你所在的学校使用过的比较成熟的采集数据的方法（能力里程碑4-1）。

二、实践项目

请你选择在学校管理工作中的一个问题，设计一个数据采集方案（能力里程碑4-2）。

第五章　学校管理数据的处理与分析

本章学习目标

在本章的学习中，要努力达到如下目标：

- ◆ 了解对学校管理数据进行分析的价值（知识检查点 5-1）。
- ◆ 学会分析不同层面的学校管理数据（知识检查点 5-2）。
- ◆ 掌握日常教育教学工作中常用的数据分析方法（能力里程碑 5-1）。
- ◆ 明确大数据时代美国的教育大数据战略与实施的借鉴意义（能力里程碑 5-2）。

本章核心问题

如何借鉴国外教育数据处理的经验，明确国内教育大数据分析的发展和定位？如何分析不同层面的学校管理数据？

本章内容结构

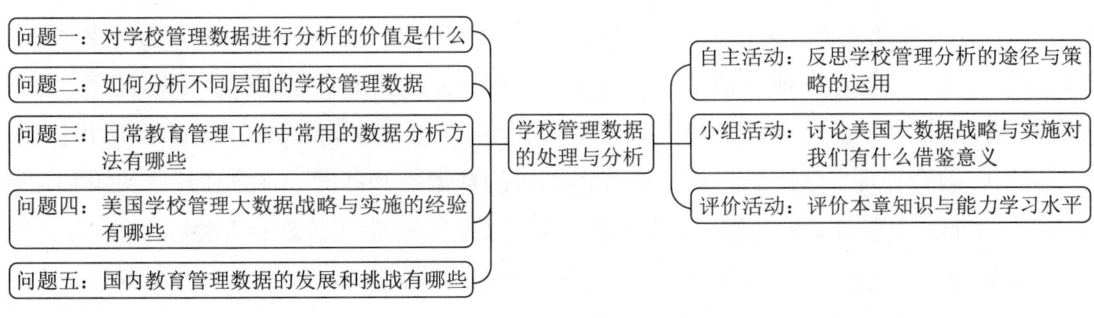

引　言

学校管理的本质是教育实践活动，是学校管理者通过诸多有效的管理措施达成预期目标的过程。学校管理目标的达成度，有很多种评价标准，但其中最重要的是学生必备品格和关键能力的提升以及教师的师德和专业素质的提升。所以，学校管理者应围绕以下三个方面来思考问题：如何提高不同基础和发展期的教师的专业素养和能力，提升教师的教育教学内驱力；如何在保证教学质量的前提下提升学生的综合素质，为学生减负增效；如何更好地保障学校的行政职能得到顺畅的执行，确保学校日常各项工作高效运转。

问题一：对学校管理数据进行分析的价值是什么？

大数据的特征可以用“更多、更快、更杂”来刻画，这些特征都建立在主体理解和把握的基础上，也就是说，大数据在数量规模上的膨胀、在处理速度上的增强、在数据类型上的多样，都建立在主体认识的基础上，而主体认识的目标实现本质上都与主体自身的主动性、能动性有紧密的关联。

学校管理是学校对各项工作进行计划、组织、调控的过程。学校通过管理把各项工作及其组成要素整合起来，发挥整体功能，以实现学生的培养目标，完成学校的各项工作目标。学校管理现代化发展离不开对学校数据的分析，同时也可以通过学校数据的应用让我们发现以往凭经验无法发现的问题，从某种意义上说，所有的学校数据都可以用于学校管理中，成为学校管理的重要依据。

一、学校管理数据的应用价值

对于教育管理数据的应用，研究者从不同的角度提出了各自的思考。有研究者将学校管理数据应用总结为通过评价和预测促进教学有效性，基于变化的教育形式和复杂关系推动教育决策的科学性，完整、全面、动态的质量监控体系。还有研究者认为，学校管理数据可以应用于学校教育质量提升、课程体系与教学效果优化、个体的个性化发展等多个方面。

数据对于学校管理具有重要的价值，有利于实现学校管理的精准化、科学化。学校管理离不开信息，学校是培养各类专门人才、传授知识和创造知识的场所，拥有众多的专业学科，每天进行着各种教学、科研等活动，这其中蕴藏着十分丰富的信息资源。学校管理中的各种决策和控制活动，如培养目标的确定、教学计划的制订、教学组织指挥、教学质量控制、教学评估、教师管理、学生管理等，都是以大量的数据为基础的，并且在这些决策和控制活动中还不断产生各种新的数据，大数据的处理和挖掘对于学校管理具有关键作用。

利用数据分析技术，针对教务管理、行政管理、科研管理、人事管理、财务管理、后勤管理等各个层面，进行系统的规划、梳理，形成学校管理数据。同时，针对重要管理对象的数据，由多个源头、从不同方向对同一个对象进行数据记录，数据之间可以互相印证，形成多源的管理对象数据。

数据分析技术为学校网络信息安全管理也提供了重要的手段。比如，利用数据帮助分析学校信息网络运行日志数据，帮助学校信息安全管理人员全面监测网络环境，并精准定位故障点的位置，提升学校的信息安全防护能力。

二、学校管理数据的应用特点

随着大数据在学校管理中越来越丰富的应用，呈现出应用场景多样、展示渠道多元以及管理便捷高效等特点。

1. 应用场景多样

如从某教师进校的车辆识别、门禁以及考勤，到办公室的智能门锁、其所教班级的电子班牌，再到涉及教育管理的办公、教务、德育、宿舍管理、教师发展、学生成长、选课走班、创客空间等应用场景都有关联的数据，便于教师实时查询，也为更多数据积累提供了可能。还可以和医院建立远程医疗对接系统，学校医务室和学生宿舍管理处与医院的急诊室建立视频连接系统，如果有突发事故，可在专业人员的指导下实施应急处理，数据记录则保存在后台数据库中。

2. 展示渠道多元

学校充分利用校园宣传电子屏以及电子班牌等多种终端渠道，展示公共数据，在家长、班主任手机端等私密通道展示学生的个体数据。以多维度数据促进优质学习生态的建立，引导管理者、教师、家长从多角度看待孩子的成长。在展示过程中保护数据的权限和隐私，在寻求环境育人新方法中，让学生和家长更有过程的体验感和参与度。

3. 管理便捷高效

通过电脑端、手机端相结合的应用，学校的教师、学生、管理者、家长等不同角色可以更便捷地获取在自己权限内的应用数据。例如可以通过手机端，不但可以使请假、报销、报修等申请业务和公文流转业务跨越时空界限，还可以精准知晓线上各角色的处理进度和时间。班主任可以更全面地了解本班学生的近期变化及长期表现趋势，家长亦可在家获取自己孩子在校的学习表现数据。

学校数据为学校管理分析提供依据，每一位管理者，如学校的管理层、班主任、教师，都可以通过自己的权限获取可视化数据报告。对这些数据，有的会给出基础性建议和提示，管理者们依据数据做二次深度挖掘，分析出数据背后的信息，及时改进教育教学管理中的问题，真正做到将呈现数据作为过程，发现学校问题并及时改进，达成目标。

问题二：如何分析不同层面的学校管理数据？

数据分析是指用适当的统计分析方法对收集的大量数据进行分析、整合，通过提取有用信息后形成的结论对数据进行详细研究和概括总结的过程。在实际运用中，数据分析可帮助人们做出判断，以便采取适当行动。在教育领域，指对教育数据进行分析，发现教育问题，通过分析数据发现规律并提出管理对策。

一、分析平台管理类数据

网络教育平台作为重要的软件系统，需要专门的管理人员，管理工作包含平台运行与维护等。通过对管理类数据的分析，可以知道网络教育平台运行情况是否通畅、是否出现问题、出现了哪些问题、如何解决，有助于技术人员在后期开发中完善和提高。同时，也可以知道平台应用情况、使用人数及频率，继而得出其受欢迎程度以及受众情况，为后期完善教学平台提供参考数据。然而在实际应用中，管理类数据并不易搜集。首先，管理类数据需要采集权限；其次，平台记录的数据并不都是有效数据，后期需要对数据进行处理；最后，平台中记录的数据并不一定能反映真实情况，需要结合其他教育数据一起分析，从而解决教育教学问题。

二、分析教与学行为数据

教与学行为数据是教育管理过程中非常重要的数据。网络教育以网络教育平台为依托，记录了教师和学生教与学的相关数据。其中，学生学习行为数据是研究者们关注最多的部分，其数据类型丰富，例如网页点击次数、网页点击顺序、模块停留时间、学习资源类型选择、学习工具选择、交互媒体选择、教学视频学习时长等，都是学生学习行为的真实记录。通过对一系列数据进行分析，可以总结出该学生的学习偏好、学习风格、学习习惯等重要学习特征，从而依据特征推荐适合的个性化学习路径，以最小投入获得最大产出，真正实现“因材施教”。同时平台也记录教师的教学行为数据，例如教师答疑情况，包括答疑时长、答疑频率、答疑内容等；教师参与讨论活动情况，包括讨论内容、讨论频率、讨论时长等。通过数据分析可以总结出教师的教学偏好特征，也能够督促教师在实际教学中不断调整，以最好的状态面对学生。

三、分析教学评价数据

教学评价是对学生之前学习的检验，也是设定后期目标的基础。教学评价分为诊断性评价、过程性评价和总结性评价。传统教育中，应用最多的是总结性评价，通过期末考试测量前期学习是否达到目的，研究表明仅仅采用总结性评价进行学习效果评价是不科学的。网络教育中非常注重过程性评价的使用。例如，学习 MOOC 时，观看视频的过程中会不断出现测试题，另外学习完一章或者一节后也会有阶段性测试，这些都是非常重要的评价数据。对评价数据进行收集和分析，不仅能够看出学生的学习效果，而且能够分析学生学得好与不好的部分，从而调整学习过程，以达到更好的学习效果。对评价结果进行分析，还可以看出在实施评价时存在的问题，从而调整评价方式与机制，获得更好的学习效果。

总的来说，教育管理数据分析旨在优化教育教学过程，改善学校管理效果，然而在实际操作中可能会存在各种各样的困难。现今对教育管理数据的研究较多，但是教育信息化收效可能并不如预期乐观。究其原因，首先，与学习相关的变量非常多，变量越多问题也会越多；其次，个性化学习需要精准分析，而做到精准是有一定难度的。

问题三：日常教育管理工作中常用的数据分析方法有哪些?

在学校管理中，我们需要尽可能多地获取学校运行中的各种数据，通过相关的分析，挖掘数据背后的意义，进一步改进管理绩效。这就要求学校管理者练就一双慧眼，练就随时随地都能在学校中获得所需数据的能力，学会多元的数据分析方法，科学的管理方法，让大数据助力学校实现跨越式发展。我们将数字平台采集的各类日常教育管理数据经过严格的数理分析与逻辑建构，可以全面、精细地反映出日常管理工作的全貌，为学校对日常教育管理过程做出精准评价提供方便。此外，还可以采用概念图、散点图、雷达图、交互图、帕累托图、控制图等，将学校的日常教育行为和过程进行可视化呈现。

针对采集到的数据，我们需要进行分析，在日常教育教学管理工作中，我们可以使用以下几种常见的数据分析的方法。

一、比较分析法

比较分析通常也称对比分析，这一方法通过对学校中的客观事物进行比较，从而认识事物的本质、挖掘事物的规律并给出准确的评价。比较分析的分析对象一般为相互联系的两个指标数据，它主要说明研究对象水平的高低、速度的快慢、规模的大小以及各关系之间是否协调。

二、趋势分析

趋势分析是指将达到的结果，通过比较同类指标不同时期的数据，继而明确该指标的变化趋势以及变化规律的一种分析方法。趋势分析在学校管理中应用广泛，具体的分析方法包括定比和环比两种方法。定比分析阐释的是一种教学现象在不短的一段时期内总的变化水平。环比分析指的是当前时期水平和前一时期水平的对比分析，表示逐期变化趋势，然后通过本期数据与上期数据的对比，形成时间序列图。

三、分组分析

分组分析法是将总体数据按照某一特征划分成若干个部分再加以分析的一种方法。根据目标数据的性质、特征，按照一定指标，将数据总体划分成几个部分，来认识所要分析对象的不同特征、不同性质以及相互关系的方法。

四、交叉分析法

交叉分析法是指将有一定联系的两个变量及其值交叉排列在一张表内，使各变量值成为不同变量的交叉结点，形成交叉表，从而分析交叉表中变量之间的关系，也叫交叉表分析法。它是从交叉、立体的角度出发，由浅入深、由低级到高级的一种分析方法。虽然复杂，但这种方法弥补了“各自为政”分析方法所带来的偏差。常用的是二维交叉表分析法，也有二维以上的交叉表，当然维度越多，表就越复杂，这需要根据分析目的来确定。

五、综合评价分析方法

使用多个指标对多个对象评价的方法一般称为综合评价分析方法，其核心思想是利用一定的指标体系，采用特定的评价方法，将对象多个方面的特征转化为一个综合指标，从而确定参评对象的优劣、类型或进行排序等。综合评价分析方法可以用在学生综合素质评价、教师专业成长等方面。

当然，在数据分析中，也要多关注数据的安全和个人的隐私，对师生的个人基础信息、排名以及联系方式等数据不能外漏，而学生的课堂表现、学业水平以及教师专业水平等数据在进行分析时也尽量以整体分析为主，减少个别化分析，更不要出现人名等信息。

问题四：美国学校管理大数据战略与实施的经验有哪些？

美国是教育大数据应用比较超前的国家，下面我们一起了解一下过去 50 年中，美国是如何利用大数据改变国家教育管理体系的。

1968 年，联邦教育部成立美国教育统计中心（NCES），NCES 出版的《教育统计年鉴》等材料成为美国各级政府进行教育决策的重要依据。2002 年通过的《教育科学改革法》（ESRA）提出，所有教育政策的制订都必须有实证数据支持，从而在立法上赋予了数据在教育决策中的地位；同年，美国整合教育研究中心（NCER）、美国教育统计中心（NCES）、美国教育评价和地区帮助中心（NCEE）、美国特殊教育研究中心（NCSER）四大机构，成立了美国教育科学研究院（IES），该机构成为全美最重要的教育决策咨询机构。联邦教育部在管理处境不利儿童补助、安全和无毒品学校项目、班级规模缩减项目、特许学校津贴等项目，联邦卫生和人力资源部在管理“开端计划”项目，农业部在统筹全国学校午餐项目时，都强调以各专业机构的统计数据为决策依据。

美国政府在制订教育政策时尤其看重学业测评情况，这些测评包括“国际学生学业测评（PISA）”和“国际数学和科学趋势研究（TIMSS）”等国际测评，以及“全国教育进展测评（NAEP）”等国内测评，这些测评影响着多项决策。以 NAEP 为例，该测评不仅让决策者了解美国教育的整体状况和变化趋势，还通过分析家庭背景、教育项目和学校教学与学生学业成绩间的关系，进而影响联邦及州教育资源分配与资助性项目的实施。根据《不让一个孩子掉队法案》（NCLB），学校需要对学生学业负责，不能实现“适当年度进步目标（AYP）”的学校，不但不能接受 Title 等联邦资助，还将面临改造、接管甚至关闭等处罚。2015 年 11 月，美国国会通过《每一个孩子成功法案》（ESSA），虽然该法案以州为教育问责的主体，强调运用多种方法评估学校绩效，但仍然坚持以绩效评估作为教育决策重要依据的政策导向。

一、应用大数据提升教育管理效率

大数据在区域和学校教育管理中具有广阔用途。一是运用教育大数据规划学校布局与资源分配。州、学区和学校通过分析学生人口学数据，得出本地区学龄人口变动趋势，从而科学规划本地区学校布局与资源分配。二是改进学校绩效评估办法。基于学校整体与学生个体学业数据，评价学校的办学质量或项目实施质量，分析学校的优势与弱势领域。三是推动家校合作。通过使用 ClassDojo 等课堂反馈工具，教师可以实时上传本节课的学生名册，本节课学生课堂表现和任务完成情况，学校和家长借此可以及时了解学生情况，并就学生情况进行交流。四是提高学校管理效率。在学生出勤、用餐及校车运营等活动中使用学生管理软件，自动记录并通过数据分析提出改进方案。五是改革教师评聘方式。通过分析学生的学业成绩以及教师的职业信仰、专业发展、社会服务等指标，科学评估教师专业水平与发展潜能。

教育大数据的运用为学校管理提供了方便。以芝加哥市为例，该市公立学校建立了“教学管理和学生沟通系统（IMPACT）”，涵盖学生的信息管理、课程和教学管理、学生服务管理、学生成绩统计、家校合作等信息，并实现了各类信息的逐级整合，学科教师、学生班级、学校和学区借此获得各类数据。教育大数据的运用还为学校个性化服务提供支持。以佐治亚州立大学为例，该校 2013 年启动“毕业和成功进展项目”，全程跟踪学生从进校至毕业的整个过程。据统计，该项目实施 3 年中，学校基于系统提供的风险警报进行了 10 万人次主动干预。该校学生毕业率从 48% 增长到 54%。在俄勒冈州的比弗顿学区，学校则根据学生休学记录、旷课记录及各种人口学信息，设计个性化的行为训练方案，帮助学生更好地适应学校生活。

二、整合大数据，创新课堂教学模式

大数据对课堂教学的影响是革命性的。奥罗尔罗伯茨大学对 1200 余名教育工作者的调查显示，在 K12 阶段，79% 的受调查者认为大数据有助于分析、追踪和预测学生学业情况，68% 的受调查者认为大数据有助于教师进行个性化教学。通过对学生历年学业成绩、课程选修、活动参与等数据分析，除了追踪学生学业进步情况外，还可以从中分析不同学生的学习需求和风格，进而提供适应学生特点的个性化教学。如著名学习分析公司纽顿开发的适应性学习系统（Adaptive Learning System），就是通过收集和分析学生学习数据为学生设计个性化学习方案，全美已有上千万学生从中受益。亚利桑那州立大学通过纽顿的“数学准备项目（Math Readiness）”，为该校数学成绩落后的学生推荐自适应学习方案，整合大学数学课程，使得该校学生数学课程合格率从 2009 年的 64% 增至 2012 年的 75%，相应的课程退出率则从 16% 降至 7%。

除提供个性化教学方案外，教育大数据还广泛应用于学校教学的其他方面。一是通过数据分析对学困生进行干预。如芝加哥市公立学校 2007 年实施的“阻止失败项目”，教师通过学生数据系统监控学生学业表现并进行干预性指导，该地区 9 年级优秀毕业生比例从 2007 年的 57% 增长到 2014 年的 82%。二是获得学生学习结果的即时反馈。通过 ClassDojo 等课堂行为记录与分析工具，教师可以及时获得学生学习情况并调整教学活动。三是在学生选择辅修课程或课外项目时，大数据技术可以提供适合学生的个性化建议。四是基于大数据分析改进日常教学工作。教师可以通过分析学生社交行为数据，更有效地开展团队和小组学习，优化学习计划和日程安排。

问题五：国内教育管理数据的发展和挑战有哪些？

2010 年以来，我国的教育大数据应用也呈现井喷式发展，大到国家政府部门，小到中小学校，都在尝试利用大数据改变学校的教育现状，但是国内教育大数据的发展和挑战是什么，值得我们进行深思，下面我们一起从近几年的一些重要发展点来进行探讨。

为落实《国家中长期教育改革和发展规划纲要（2010 — 2020 年）》加快教育信息化进程的要求，建立教育信息化标准体系，以保障教育信息化健康有序发展，实现数据互通、资源共享，教育部于 2012 年发布了七个教育信息化行业标准，对教育管理、行政管理、教育统计、中小学、中职学校和高等学校管理的信息进行了规范，这一规范对统一教育管理信息有重要意义。

2013 年 7 月，我国正式启动国家和省两级教育数据中心建设，通过“两级建设、五级应用”实现对全国教育数据的统一管理。2015 年 8 月，在国务院发布的《促进大数据发展行动纲要》中将发展大数据定位为国家基础性战略，并将教育大数据纳入十大重点工程。“十三五”规划则对加快政府数据开放共享、促进大数据产业健康发展、强化信息安全保障进行了总体部署。2015 年堪称中国教育大数据元年，国家一系列相关政策文件与规划建议的发布，推动了研究学者对教育大数据关注度的大幅提升。

目前，我国教育大数据相关应用主要聚焦于适应性教学，题库类产品居多，缺乏管理类的应用，对于教学决策的支持不足。同时，行之有效的数据共享开放和应用规则尚未建立，所以，还需要建立有效的资源共享机制，通过多种途径汇聚教学研究和管理数据，扩大数据的规模，才能彰显教育大数据的独特优势。

借鉴美国的教育大数据战略与实施经验，我们应尽快制订教育管理大数据方面的指导性政策，健全国家和地方教育数据治理机构，培养能驾驭教育大数据的专业人才，培育“用数据说话”的文化氛围，在建设教育数据库的过程中保护好数据安全与数据隐私，在应用教育大数据行动中促进学校教学深度变革，提升教育决策的科学化与教育管理的现代化水平。教育主管部门需要推动教育大数据方面的相关法律、法规的制订，划定边界，明晰责权，建立更加全面的教育数据标准，为国家层面的大规模数据共享和分析奠定基础；学校需要提升数据驱动教学与管理的意识，构建综合数据采集环境，并建立数据管理与应用机制；而研究机构则需要将教育科学与数据科学紧密结合，开展多学科协同研究，并注重研究成果的转化；公司、企业则需要从教学与管理的整体流程出发，设计与开发多元化产品，并根据教育需求提供灵活可扩展的定制化服务，从而共同促进教育大数据健康发展，更好地服务于教育事业。总的来说，我们需要将教育管理相关的各方力量整合起来，形成合力。

本章内容小结

本章我们学习了对学校管理数据进行分析的价值（知识检查点 5-1），知道了如何对不同层面的学校管理数据进行分析（知识检查点 5-2），并掌握了常用的数据采集和分析方法（能力里程碑 5-1），分析了美国教育管理数据战略与实施的借鉴意义（能力里程碑 5-2）。本章内容的思维导图如图 5-1 所示。

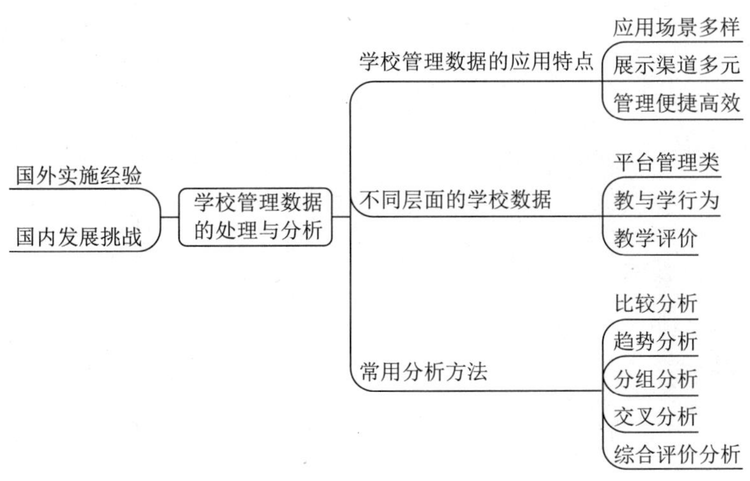

图 5-1 思维导图

自主活动：反思学校管理分析的途径与策略的运用

请学习者在学习完本章内容后，进行自我反思，并记录个人学习心得。

小组活动：讨论美国大数据战略与实施对我们有什么借鉴意义

请学习者围绕本章的学习主题进行组内交流，并做好小组学习记录。

评价活动：评价本章知识与能力学习水平

一、简述题

1. 结合中美有关学校管理数据应用的实施，谈谈你对数据处理与分析的理解（知识检查点 5-1、5-2）？

2. 请举例说明数据分析方法在你所在学校的管理工作中的实际应用（能力里程碑 5-1）。

二、实践项目

请你利用常用的数据分析方法设计一次学校管理层的研讨活动（能力里程碑 5-1）。

第六章　教学管理数据分析促进学校教学实效

本章学习目标

在本章的学习中，要努力达到如下目标：

- ◆ 了解教学管理以及教学管理的组成（知识检查点 6-1）。
- ◆ 了解学校教学管理的常用方法（知识检查点 6-2）。
- ◆ 掌握教学管理数据的采集方式（知识检查点 6-3）。
- ◆ 掌握依托数据进行课堂教学诊断与教学实施的方法（能力里程碑 6-1）。
- ◆ 分析基于大数据教学管理的学校实例（能力里程碑 6-2）。

本章核心问题

如何进行教学管理数据分析，促进学校教学实效？

本章内容结构

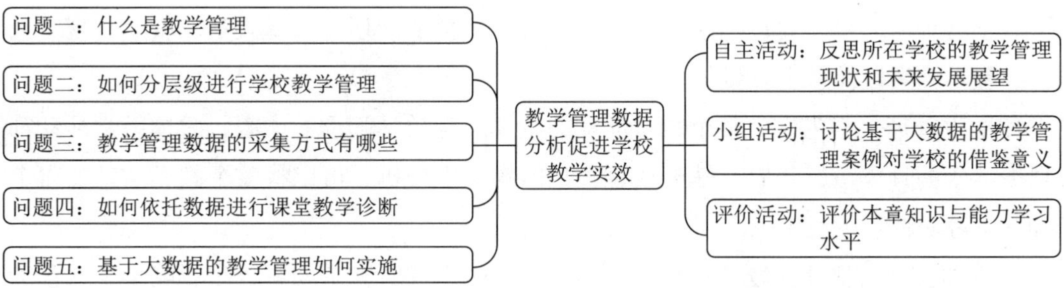

问题一：什么是教学管理

问题二：如何分层级进行学校教学管理

问题三：教学管理数据的采集方式有哪些

问题四：如何依托数据进行课堂教学诊断

问题五：基于大数据的教学管理如何实施

教学管理数据分析促进学校教学实效

自主活动：反思所在学校的教学管理现状和未来发展展望

小组活动：讨论基于大数据的教学管理案例对学校的借鉴意义

评价活动：评价本章知识与能力学习水平

引 言

大数据和人工智能时代给我们带来了一个前所未有的发展机遇，我们既是大数据的始端，也是大数据的终端，在网络空间上时刻都在接收着数据，同时也在产生着数据。借助信息技术和互联网技术提升教学管理效能，深度融合互联网技术与教学管理，提高教学水平和优化教育质量是未来学校发展的必然趋势。

在信息化高速发展的时代，教育大数据的收集将存在于整个教育教学过程中，可以连续记录整个教学活动中的所有数据，如教学资料、互动反映和学生在每个知识点上停留的时间等，从而在中小学教学管理上实现前所未有的智能化和个性化。把大数据应用在教学中，可以利用数据采集工具完整地采集教师教学行为、学生学习行为，学校管理者可以利用这些数据进行分析，制订适合的教师培养制度与计划，也可以引导教师及时发现学生的学习特点，发现个性和共性的问题，并进行差异化教学设计。

问题一：什么是教学管理？

一、教学管理的定义

教学管理是学校管理的重要组成部分。根据教育界综合教学的系统性和动态性，教学管理的定义是：学校管理者根据教学方针、教学计划、教学大纲的要求和学校教育教学规律，为完成教学任务、提高教学质量，运用现代科学管理的理论、方法和原则，通过计划、组织、指挥、协调、评价、反馈等管理环节，科学地组织、协调学校教学系统中的各要素，推动教学工作有序、高效运转，达成教学目标的过程。

二、教学管理的内容

教学管理的内容主要包括学生、教师、目标、教学计划、课堂教学、教学常规、教学工具、教学档案以及教学质量等。

1. 学生管理。学生作为整个教学活动的主体，是教学管理的中心，整体教学活动都需要根据学生的具体情况开展。基于教育大数据的学生分析，可以将整个教学活动变得个性化和更有针对性。

2. 教师管理。教师在教学过程中作为主导者、引导者和帮助者，是影响学生成长的首要角色。基于教育大数据的分析结果，可以从理论知识和实践能力两方面对教师进行管理，更好地提高学校教学管理力度，促进教师的专业成长。

3. 目标管理。包括对学生的学习目标、教师的教学目标以及管理者的管理目标进行管理。基于教育大数据的分析可以细化对各类目标的管理，更好地促进学生成长。

4. 教学计划管理。对教学计划所涉及的各个环节进行完善和细化。基于教育大数据对学生和教师的需求进行分析，根据师生的需求进行教学计划的管理，使教学计划更符合学生的成长需求。

5. 课堂教学管理是教学管理的核心部分。教育大数据支持下的课堂教学管理可以细化课堂中的各个环节，对每个环节进行更有针对性的管理，从而提高课堂教学效率，优化教学效果。

6. 教学常规管理是指对教学组织、教学秩序的管理。基于教育大数据的教学常规管理对教学组织的多种形式进行细化研究，对教学秩序中涉及的规则和制度进行细化整理，以辅助达到期望的教学管理效果。

7. 教学工具管理是指对教学中的工具进行管理。智慧校园中基于教育大数据的教学工具管理主要包括鼓励教师合理利用多媒体设备等智能终端辅助教学，以及对中小学生使用智能移动设备进行学习的管理。

8. 教学档案管理。基于教育大数据的教学档案管理可以对中小学生的成长档案进行细化管理，更好地分析学生在不同成长阶段的不同表现，从而实现更有针对性的高效管理。

9. 教学质量管理是指对教学的效果和效率进行管理。基于教育大数据从教学效果和教学效率两方面来对教学质量进行管理和优化，提高教学效果和教学效率，促进学生成长和发展。

基于大数据的教学管理是指在海量信息分析基础上建构起来的，现代学校教学体系在目标设定、管理过程和评价标准等方面所确立的实施计划、管理模式与实现路径的整合性管理行为。通过基于大数据的教学管理研究，学校能对以大数据为内容的系统资源进行创造性的管理与运用，从而提升教学及其管理的品位与质量，形成准确、灵活、高效的教学实践机制与管理机制。

问题二：如何分层级进行学校教学管理?

学校是教学管理中的组织单元。对于学校教学管理干部和教师而言，教学分析技术可用来评估学校课程和结构、改善学校现有的管理和评价方式，运用教学分析技术进行深入的教学分析，可以帮助教师在数据分析的基础上为学生提供更有针对性的教学指导。

教学系统理论是在系统论和控制论的基础上建立起来的，即把整体系统分成各个子系统，然后继续分解，在考虑有机整体的同时也考虑与其他部分之间的联系。因此，学校分层级对教学质量、教学过程以及相关教学服务进行管理非常有必要。

一、教学过程管理

教学过程有三个基本要素，即教育者、学习者和教学媒介。要强化和落实教学过程管理，需从三个要素着手，以实现更好的教学管理效果。

在教学过程的管理方面，通过技术手段记录教育教学的过程，教学管理者可以对教师教学行为和学生学习行为进行全面的分析，并对其教学过程进行评价或干预，提升教学管理的实效；还可以引导教师将教学从结果评价转向过程性评价，发现学生思想、心态与行为的变化，分析每位学生的特点，从而发现优点，规避缺点，矫正学生的不良思想行为。例如，基于网络学习平台或电子课本，能记录下学生的作业完成情况、课堂言行、师生互动、同学交往等数据，教师将数据汇集起来，有了更加丰富的素材与数据依据，可以发现学生学习过程的特点，对学生的发展提出建议。

二、教学评价管理

通过教育和组织的方式，运用数据分析方法，利用网络数据平台提供的数据分析功能对活动的全过程进行记录，充分发挥专业技术和组织管理的作用，不断分析和改进管理制度，从而实现高效的管理效果。

学校的校长、教学部门、年级组以及教师均可以从不同角度对教学进行评价，在教学评价中利用大数据分析，从依靠经验的评价转向基于数据的评价。教学评价的方式不再是经验式的，而是可以通过大量数据的“归纳”，找出教学活动的规律，以达到更好地优化、改进教学过程的目的。建立教学大数据管理平台，能全方位记录智慧教学、智慧课堂、师生互动、作业批改、教学资源应用等数据，并能根据管理需求生成各种各样的统计报表，教学管理人员能够通过报表数据发现教学过程中存在的问题并及时纠正。同时，这些数据也可以促使教师进行教学反思，自己在哪些方面需要改进，从而促进和优化教学实施过程。

以学校教学分析为例，教学分析分为学校整体分析、年级班级和学科备课组分析。学校整体分析主要结合数据从办学理念、课程建设、生源结构、师资建设、课题研究、教学研讨、教学管理等方面，寻找学校教学质量提升的内在动力。年级班级分析主要是结合数据从年级班级管理、学风班风建设、实践活动组织、班级建设发展等方面，挖掘年级班级教学质量提升的有效经验。学科备课组分析主要结合数据全面分析学科教学情况，如学生的总分分布、分数段分布、学业水平达标情况、学业成就与差距等，反思教学情况，从而提出提升学科教学质量的具体措施。同时，教学服务部门还需要进行相应的设备管理、资源配备、环境创设等相关数据的分析，从而确保为教学提供安全、稳定的服务措施。

问题三：教学管理数据的采集方式有哪些？

一、基于数据分析的教学管理的特点

教学管理的数据分析要做到定性与定量相结合。丰富的教学经验可以帮助教师把教学工作做得更好。但是，经验有局限性，缺乏针对性。所以，教学管理者应要求教师能够利用数据深入挖掘教学信息，从学科内在的知识结构、能力结构以及学科素养的角度去分析学生间存在差异的内部原因，探求学生知识、技能、思维、心理发展的内在差异，深刻剖析教学问题，寻求改进的有效途径和方法。

基于数据分析的教学管理可以体现个性化。不同学校的学生之间、同所学校不同班级的学生之间、同一班级的不同学生之间都存在差异。这些差异主要表现在对知识理解的深入程度和掌握的全面程度、运用知识解决问题技能的熟练程度和思路方法的丰富程度、学科思维的发展程度和个人心理品质等方面，这些差异会通过考试评价充分展现出来。教学分析应该针对不同的学生进行个性分析，帮助学生找到发展的优势以及存在的问题，并针对学生的问题进行个性指导。

基于数据分析的教学管理具有反思性。考试数据是教学效果的“化验单”，可以帮助教师深刻反思教学过程的得与失。教师应对所教学生进行学科知识结构和能力结构分析，分析试题的心理测量功能，深入认识学生心理特征及思维发展过程，增进学科研究意识、活化教学经验，不断提高教学针对性、时效性，不断提升专业素养。

二、教学管理数据的采集方式

教学管理数据最主要的来源是教学活动，越来越多的信息化手段和工具可以用来精准记录教学活动中产生的数据，学校可以使用系统日志采集、网络数据采集以及人工采集的方式来汇总数据，构成动态的数据中心。针对教学管理，可以使用不同的采集方式对教学过程性数据和教学结果性数据进行采集。

1. 教学过程性数据

教学过程性数据的深度挖掘是重中之重。传统方式下对教学的研判多凭借主观认识及经验，缺乏数据依托，尤其缺少实时的数据反馈。大多是对成绩进行分析，难以满足日常教学重点、教学策略及教学方法适时调整的要求。通过网络教学平台可以收集教学过程的各种操作性数据，同时使用课堂观察系统可以采集课堂教学中的行为数据，这样校长就可以随时调取区域学情、学生知识点掌握情况、学生共性薄弱点等，做好教学管理决策。

2. 教学结果性数据

要实现校内高效管理，就需要大量常态化的基础数据，尤其是教与学的过程性数据。数据的关键在于全而大，否则意义不大。为了更加全面而常态化地采集教学结果性数据，大数据处理工具可以用不同方式获取教学过程数据，如网络自动批阅（线上客观题的自动批阅，针对英语学科的作文智能自动批阅等）、手写阅（通过批改留痕先阅后扫的手阅模式）和网络阅（随时随地可阅卷的网络阅卷模式），帮助实现校内从日常周测到阶段性考试和校际联考动态数据采集。可以从监管平台查看校内各类测验结果或横向、纵向的对比结果，关注校内波动生、临界生的学情，也可以查看校本资源建设情况与各教师的任务完成及积极性情况，依托数据促进科学管理、高效决策。

问题四：如何依托数据进行课堂教学诊断？

在教学管理中，课堂教学诊断非常重要，直接影响到学校教育教学的实效性。加里·D·鲍里奇提出了影响课堂有效教学的五种关键行为，即清晰授课、多样化教学、任务导向、引导学生投入学习过程和确保学生成功率。在校长们对教师进行课堂教学诊断时，学校从多个维度观察教师的课堂教学行为，比如问题类型、对话深度、有效性提问、回应等。通过运用一定的技术分析方法，将课堂教学视频所记录的教学情境转化为量化的分析数据将有助于以较为客观的数据来直观反映课堂教学活动，结合教学的目标和内容，以便进行更为深入的比较分析评价，从而评价教师教学的有效性。

下面以方海光教授等专家在弗兰德斯互动分析系统（FIAS）基础上研制的改进型弗兰德斯互动分析系统（iFIAS）为例，介绍一下如何依托数据进行课堂教学诊断。

iFIAS 是基于 FIAS 分析方法和信息技术的互动分析系统，针对数字化课堂，对已有的编码系统进行优化，通过应用 iFIAS 对教学案例进行系统分析，得出课堂教学诊断结果。

一、记录编码

利用 iFIAS 微信小程序 ClassEyes（见图 6–1），新建观察课堂，根据课程时长按编码系统规定的意义每 3 秒赋予一个编码号，每节课大约共记录了 800 ~ 1000 个编码，其中时间为固定变化量，该时间内师生行为所代表的代码可以通过选择来记录（见表 6–1），它们表示活动中按时间顺序发生的一系列事件，进而表现出课堂教学的结构、教师的行为模式和教学风格。

图 6–1　ClassEyes 微信小程序

表 6-1 iFIAS 编码方式

<table>
<tr><td rowspan="8">教师语言</td><td rowspan="5">间接影响</td><td>1</td><td colspan="3">教师接受情感</td></tr>
<tr><td>2</td><td colspan="3">教师表扬或鼓励</td></tr>
<tr><td>3</td><td colspan="3">教师采纳学生观点</td></tr>
<tr><td rowspan="2">4</td><td rowspan="2">教师提问</td><td>4.1</td><td>提问开放性问题</td></tr>
<tr><td>4.2</td><td>提问封闭性问题</td></tr>
<tr><td rowspan="3">直接影响</td><td>5</td><td colspan="3">教师讲授</td></tr>
<tr><td>6</td><td colspan="3">教师指令</td></tr>
<tr><td>7</td><td colspan="3">教师批评或维护教师权威</td></tr>
<tr><td colspan="2" rowspan="4">学生语言</td><td>8</td><td colspan="3">学生被动应答</td></tr>
<tr><td rowspan="2">9</td><td rowspan="2">学生主动说话</td><td>9.1</td><td>学生主动应答</td></tr>
<tr><td>9.2</td><td>学生主动提问</td></tr>
<tr><td>10</td><td colspan="3">学生与同伴讨论</td></tr>
<tr><td colspan="2" rowspan="2">沉寂</td><td>11</td><td colspan="3">无助于教学的混乱</td></tr>
<tr><td>12</td><td colspan="3">有益于教学的沉寂</td></tr>
<tr><td colspan="2" rowspan="2">技术</td><td>13</td><td colspan="3">教师操纵技术</td></tr>
<tr><td>14</td><td colspan="3">学生操纵技术</td></tr>
</table>

二、整理编码

iFIAS 对记录的编码的分析是通过分析矩阵来实现的，互动分析矩阵是对称矩阵，它的行和列的意义都用编码系统规定的编码来表示，矩阵的每个单元格中的数字表示编码出现的先后及课堂行为出现的频次。根据矩阵中各种课堂行为频数之间的比例关系及其在矩阵中的分布情况可分析出课堂教学的师生互动情况。

三、课堂评价分析

iFIAS 微信小程序 CLassEyes 的课堂评价分析包括课堂编码、课堂时间线、迁移矩阵以及课堂交互比例四个方面。其中课堂编码为整堂课的编码情况。课堂时间线展示查看教师语言、学生语言、有益沉寂、技术在课堂中的分布情况。迁移矩阵主要包括两个格、两个环。黄色格：积极整合格，代表师生氛围融洽程度。红色格：缺陷格，代表师生存在隔阂程度。绿色环［只计算四个顶点 (4,4)–(4,8)–(8,8)–(8,4) 的频次数］：频次数较大时，可认为是课堂讲授型，属于“提问引导”课堂类型。蓝色环［只计算四个顶点 (3,3)–(3,9)–(9,9)–(9,3) 的频次数］：频次数较大时，可认为是创新性课堂、开放性课堂，属于“主动延伸”课堂类型。课堂交互比例为整节课的课堂交互比例，包括课堂整体数据分析、课堂语言影响数据分析、课堂技术比例分析、课堂问题影响数据分析以及学生主动性数据分析。

问题五：基于大数据的教学管理如何实施？

江苏省南通第一中学校长张晓冰牵头的江苏省基础教育前瞻性教学改革实验项目“基于大数据的教学管理策略研究”中设计了“数据平台—实践策略—实践行为—评估调控”的教学管理循环系统，为校长们开展基于数据的教学管理提供了很好的借鉴。下面具体介绍这套教学管理模型。

基于大数据的教学管理模型是从教学实践管理的角度考虑问题，模型的基础是数据平台建设，其次是基于大数据的教学管理策略的确立，再次是遵循既定教学策略的管理行为，最后是整个教学管理过程在教学系统中的应用评估。这个系统及其每个逻辑模块内部实际运行都按照“先行控制—主体建构—行为矫正”的流程展开，如图 6–2 所示。其中，先行控制阶段大致包括理念转换、策略学习、行为标准、教学环境、教学策划和人际关系等基本要素的贯彻。主体建构阶段则包括领域管理、行为管理、伙伴合作、多维参照、私人订制和精准指导等策略内涵与实施。行为矫正阶段主要包括问题行为、目标比对、阶段评价、矫正原则、矫正步骤和信息反馈等内容。整个教学实践过程的数据将再次反馈给应用评估系统，做出相应评估后为教学实践的管理策略与行为调整提供预测和指导等干预性信息。

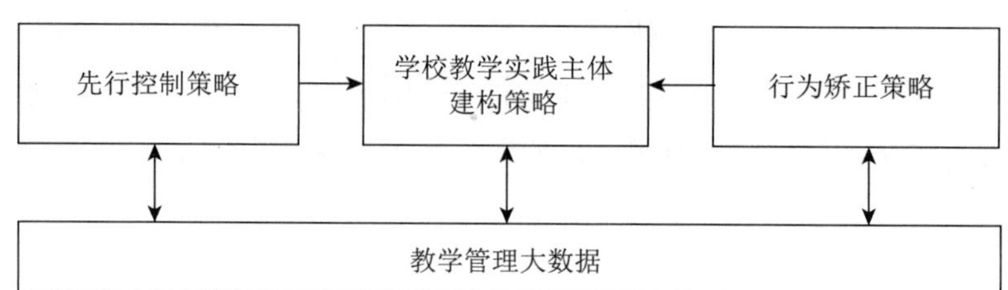

图 6–2　基于大数据的教学管理模型

一、以教师与班级为单位的课堂教学管理

依据基于大数据的教学管理策略实施教学，大体上遵循“普遍采集—全面统计—精准结论—个性措施—菜单反馈”的实施流程，着重对教学进行知识点诊断、个性化分析和点对点纠错，这样做有利于选准教学起点、教学重点、教学方式、教学对象、作业内容，对于从学生立场出发改进教与学的方式极为有效。数据平台与教师教学同步运行，教师利用平台数据实施精准、科学而且有针对性的教学与调整。从课堂教学管理实践看，基于大数据的教学管理策略研究对于改变育人模式和学习方式有极为重要的意义。

二、以学科与年级为单位的学科教学管理

依据模型开展的学科教学管理，从全学科阶段性教学任务出发，进行基于大数据（同内容历史数据、前期知识准备、前测掌握数据）的先行控制准备，拿出适合学情的环境、策略、方法和标准，制订教学计划，甚至是以备课组为单位做出教学案例样本，针对不同人群制订有区别的多元化实施方案和评价标准，包括作业与考查内容。教师实施教学计划后，学科组或者备课组根据收集到的数据（教师执行情况、学生课堂反应、知识能力结果等）及时进行分析，或者根据系统自动生成的参考分析，尽快形成行为矫正策略和措施，并及时推送给教师、学生和家长。

三、以校级与部门为终端的全校教学管理

基于大数据的学校教学管理建立在学科、年级等数据分析和模型建构的基础上，主要是教学管理部门着手实施，为以校长为核心的教学管理领导团队形成决策调整提供参考数据。它提供大量的过程与结果统计，提供大量的精准到个别教师、个别教学模块、个别管理领域的结论，提供系统与人力两者结合产生的预测性指导意见，从而在全校层面进行行为矫正。教学管理领导团队掌握情况和给出审批意见后，将建议及时推送给部门、学科、年级、教师和班级。这种数据统计与分析，注重参照历史数据和实体数据，形成纵横比较，保证判断与决策的高效和精准。

总之，从每位教师到学校领导团队的各级教学决策都遵循着系统运转模型核心部分的基本操作程序，使这个基本操作程序成为模型中的模型，并且按照不同层级组成了层级内部和层级之间内外循环相结合的特殊结构的管理系统。

从学校层面上讲，教学实践的管理大致有三个层级，即教师的课堂管理、部门的业务管理和学校的行政管理。教师课堂管理主要通过教学系统内部的数据采集、备课、上课、作业以及考试操作路径实现，而部门业务管理和学校行政管理在学校层面属于中观与宏观范围的调控。由于这两个层级的管理建立在对课堂与学科的综合观察与诊断基础上，因此系统数据就显得尤其重要。这里也有功能规划与实现路径的问题，业务部门尤其是教学管理部门（如教务处、学科组和年级部等）主要关注的是目标实现情况和师生行为状况，而学校行政管理主要是宏观把握从而做出重要的决策或调整指示，这就是功能上的不同。在大数据系统里，管理层级越高则数据越关键，其更重视被提炼过、分析过的结果性数据。

案例：江苏省南通第一中学利用教学大数据，实现教学过程精准管理

一、把控学生的作业总量

张晓冰校长在大数据平台里发现，5 月份高一某班英语学科的作业量高达 73 次，最多的一天居然有 6 次，他感到学生作业负担过重。于是他把该班的英语教师叫到办公室了解情况，原来 6 次作业中有 5 次是课堂练习，而且是选择题，家庭作业只有 1 次。

二、核查教师的教学进度

一天，高一年级部主任打开大数据平台，查看本年级英语学科的作业明细，发现在 4 月份的两个星期里各班布置的作业明显不统一，教学进度存在较大差异，这引起了她的警觉：集体备课没有执行到位。她在没有任何通知的情况下，主动参与了英语备课组的集体备课活动，其中有两位教师无故缺席，也正是这两位教师所教班级教学进度落后。她约谈了这两位教师，并对其进行了严肃的批评。

三、监控教师的教学质量

某天，分管教学的徐校长打开学业大数据管理平台后，系统提示高一年级的一位英语教师所教班级成绩连续下滑，这引起了他的注意。徐校长逐一点开该教师一段时间来的作业批改情况，发现这位英语老师尽管给学生布置了作文练习，但几乎所有学生的作文都是零分，说明她没有批改。同时，徐校长还检查了她的“教学六认真”执行情况，发现她备课也不够认真，于是立即找她谈话，责令其改正。一个月后的月考试中，该教师所任教班级学生的英语成绩明显提升。

本章内容小结

本章我们学习了教学管理以及教学管理的组成（知识检查点 6-1），了解了学校教学管理的常用方法（知识检查点 6-2），掌握了教学管理数据的采集方式（知识检查点 6-3），并掌握了依托数据进行课堂教学诊断与教学实施的方法（能力里程碑 6-1），分析了基于大数据教学管理的学校实例（能力里程碑 6-2）。

本章内容的思维导图如图 6-3 所示。

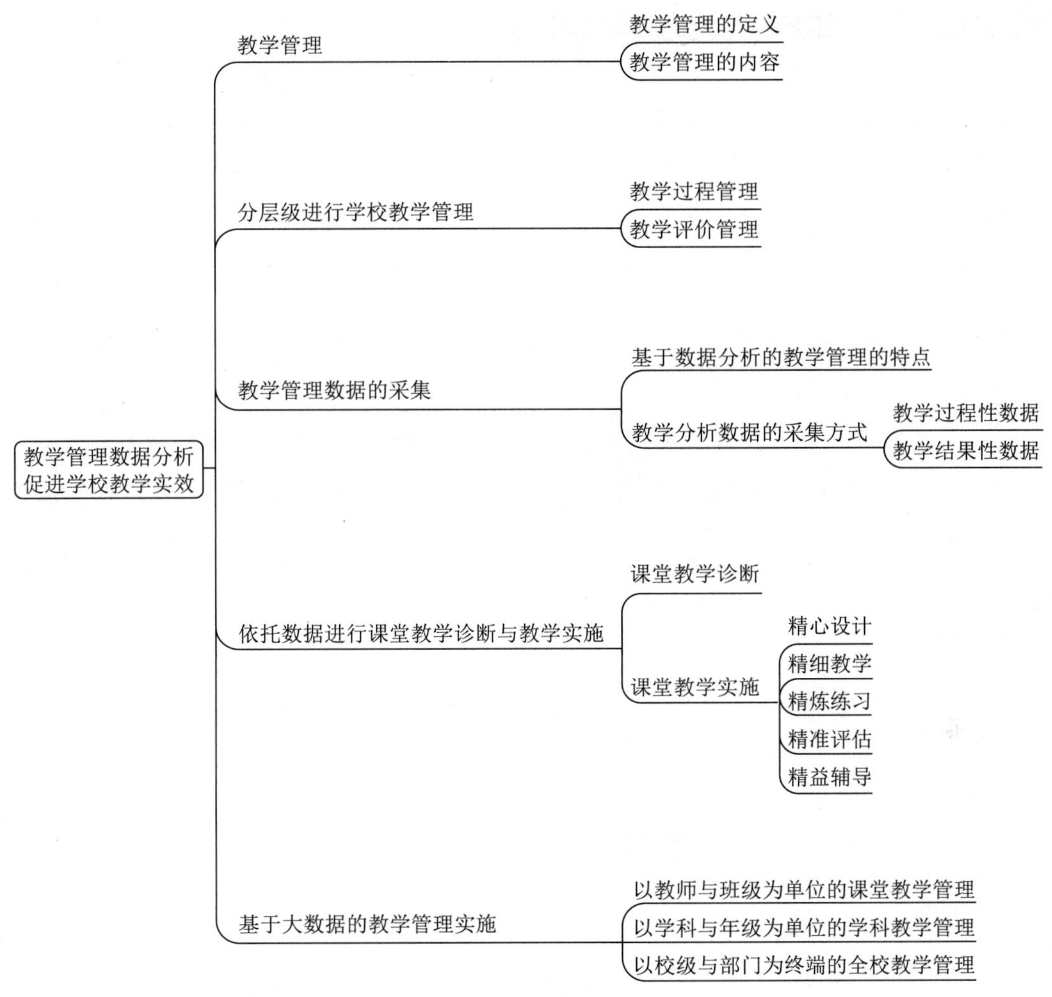

图 6-3 思维导图

自主活动：反思所在学校的教学管理现状和未来发展展望

请学习者在学习完本章内容后，进行自我反思，并记录个人学习心得。

小组活动：讨论基于大数据的教学管理案例对学校的借鉴意义

请学习者围绕本章的学习主题进行组内交流，并做好小组学习记录。

评价活动：评价本章知识与能力学习水平

一、名词解释

教学管理（知识检查点 6-1）

二、简述题

1. 请结合教学管理的组成，写出你所在学校教学管理中存在的问题 （知识检查点 6-1、知识检查点 6-2）。

2. 以你所在学校的某位教师为例进行简单的教师教学诊断（能力里程碑 6-1）。

3. 本章案例中的江苏省南通第一中学的教学管理模式的优点和不足分别有哪些（能力里程碑 6-2）？

三、实践项目

结合本章的教学内容，对你所在学校的教学管理进行分析，完善教学管理发展规划（能力里程碑 6-2）。

第七章 学习分析技术及系统构建

本章学习目标

在本章的学习中，要努力达到如下目标：

- 了解大数据背景下学习分析的定义和意义（知识检查点 7-1）。
- 了解数据支持下的学习分析的构成要素（知识检查点 7-2）。
- 了解常用的学习分析工具（知识检查点 7-3）。
- 了解学习分析发展面临的挑战（知识检查点 7-4）。
- 学习如何规划学校的学习分析系统（能力里程碑 7-1）。
- 提升校长对学生学习数据的管理能力（能力里程碑 7-2）。

本章核心问题

如何构建学习分析系统？

本章内容结构

学习分析技术及系统构建

- 问题一：大数据背景下学习分析的定义和意义分别是什么
- 问题二：学习分析的构成要素有哪些
- 问题三：常用的学习分析工具有哪些
- 问题四：如何构建整合学习分析工具的学校管理系统
- 问题五：学习分析发展面临的挑战有哪些
- 自主活动：反思如何分析学生的学习数据
- 小组活动：讨论如何规划学校的学习分析系统
- 评价活动：评价本章知识与能力学习水平

引 言

大数据时代是一个不断学习、不断完善我们对世界认知的时代。那么大数据对于学生的学习意味着什么呢？它主要体现在学习重塑的三个主要方向上，即对学生学习过程和结果的客观反馈、学习行为的概率预测上。

“学习分析”与“大数据”技术的出现，为我们提供了全新的视角和解决方案，学生在线上线下的学习过程中，会产生大量的学习行为数据，通过分析这些数据，可以得出学生的学习习惯、学习兴趣、学习特点等隐藏的特质，从而评价学生的知识掌握、技能习得、思维发展情况，从理论上实现“因材施教”。在教师层面，通过对学生学习行为数据的分析，可以比较不同的教学方法，分析教学的整体效果，进而发现教学的薄弱环节，同时可以提出关键的指标体系，建立统计和预测模型，并帮助教育管理者提出更加适合学生的教育管理决策。

本章在介绍学习分析的主要内涵和理论基础、采集路径和方法、常用的分析方法和工具的基础上，尝试让校长及其他学校管理者建立学生学习数据分析系统的意识，规划本学校的学习数据分析系统，进一步提升管理者的数据管理能力。

问题一：大数据背景下学习分析的定义和意义分别是什么？

一、学习分析的定义

学习分析的定义最早源于美国高等教育信息化协会（EDUCAUSE）的“下一代的挑战（Next Generation Learning Initiative）”项目，该项目将学习分析解释为使用数据和模型来预测学生进度和绩效，以及对该信息采取行动的能力。2011 年，首届学习分析与知识国际会议（LAK）将学习分析定义为测量、收集、分析和报告关于学生及其学习情境的数据，以了解和优化学习和学习发生的情境。美国新媒体联盟也有相似的定义，即利用松散耦合的数据收集工具和分析技术，研究分析学生学习参与、学习表现和学习过程的相关数据，进而对课程教学和评价进行实时修正。可以说，学习分析在许多方面指的是应用于教育领域的“大数据”分析。

华东师范大学顾小清教授认为，学习分析技术是指以与学生学习活动相关的信息、数据为基础，运用不同类型的分析方法并采用多种数据模型对这些信息、数据进行解释，根据结果探究学生的整个学习过程与学习情境，从而发现其中的规律；或者根据信息、数据解释学生在学习活动中的表现，为学生提供相应问题的反馈，以实现更加有效的学习的技术。

从以上这些定义可以看出，学习分析是一个综合多学科的研究领域，涉及教育学、信息科学、统计学、学习科学等。其研究对象是学生及其学习情境，研究的基础是教育活动中产生的海量学习数据和学习分析过程中产生的中间数据，研究的目标是评估和预测学生活动，发现潜在问题，为教育活动相关者提供决策支持，以优化和设计学习过程和学习情境。

二、学习分析的意义

国内外多位研究者的研究实践证明，学习分析技术的应用对于学生、教师、管理人员、研究人员及技术开发人员均有重要的价值。

对于学生而言，学习分析技术可以从学生学习行为的角度了解学习过程的发生机制，并用来优化学习，以基于学习行为数据的分析为学生推荐学习轨迹，开展适应性学习、自我导向的个性化学习。

对于教师和学校管理者而言，学习分析技术可用来评估课程和机构，以改善现有的学校评价和考核方式，并提供更为深入的教学分析，以便教师在数据分析基础上为学生提供更有针对性的教学干预。

对于研究人员而言，学习分析技术可作为研究学生个性化学习的工具和研究网络学习过程及效用的工具。

对于技术开发人员而言，借助学习分析技术发现学习管理系统各模块使用频次及使用路径，可以优化学习管理系统界面设计，并且根据其他人员开展学习分析的需要优化学习管理系统日志功能。

三、从大数据视角看学习分析发展的驱动力

大数据技术、教育、政治和经济因素是驱动学习分析发展的主要动力。从大数据视角来看，可以将学习分析发展的驱动力概括为三类，即数据驱动、技术驱动、需求与利益驱动。

1. 数据驱动

智能手机、平板电脑、传感器等电子设备在学习情境中的应用已经相当普遍，基于泛在网络的学习数据剧增是驱动学习分析的重要因素。我们处在普适计算时代，移动互联网、物联网等泛在网络改变了学习方式，也为学习分析提供了丰富的数据来源。学习管理系统中存储着大量的学生学习数据，学生在线学习过程保留着大量的学习轨迹信息，社交网络中的学习行为更是呈现出急剧增长的数据流趋势。这些数据来源广泛，数量巨大，而且数据格式多种多样。目前常用的学习分析数据主要来自数据仓库中的基本信息数据和网络服务器的用户浏览日志，还来自学习网站和系统挖掘的其他文本数据，例如博客、评论、搜索词等。需要强调的是，数据驱动下的学习分析技术，也带来了学习分析的数据挑战。

2. 技术驱动

大数据关键技术和社会分析技术是学习分析的支撑技术，是驱动学习分析的关键因素。

学习分析过程面临海量数据的采集、存储、分析问题，需要根据社会分析方法，在人工干预下优化学习情境，这些问题离不开强有力的技术支持。云计算技术、物联网技术、语义Web技术（关联数据技术）、移动互联网技术、数字媒体技术都是大数据基础支撑技术。在教育云平台和在线学习环境下，利用物联网和云存储技术采集和存储海量相关数据，利用语义Web技术管理和利用相关数据。移动互联网设备已经进入学习环境，利用移动互联网技术可以方便地实现在线记笔记、资源分享，还可以通过增强现实技术创造虚拟学习环境。在云计算方面，云文件系统（GFS、HDFS等）、NoSQL数据库、Mapreduce计算模式、Apache Hadoop等开源工具都是大数据下学习分析需要利用的技术工具。这些先进技术，使得基于大样本的、个性化订制的学习分析成为可能。

3. 需求与利益驱动

个性化、多样化的学习需求带来直接的经济、社会利益，需求与利益是驱动学习分析的核心因素。从个人角度看，制订个性化学习方案需要参考学习分析系统对个人的分析建议；从企业角度看，基于智能分析决策的学习系统和产品更有市场竞争力；从教育机构角度看，学习分析结果可以作为决策的依据，这些利益需求驱动了学习分析的发展。

问题二：学习分析的构成要素有哪些?

学习分析主要由以下五个要素构成。

一、学习数据

用于学习分析的数据可能来源于单一的学习系统，也可能来源于各种网络交流平台，在这些系统中存在着海量的学习数据，在这些海量的数据中，需要确定哪些数据是可以用来对学生进行学习分析的，并确定如何有效地利用有价值的教育数据，将这些数据转变为有用的信息和知识，为教育教学决策提供有效依据，使这些数据为提高学生的学习达到利用的最大化。

二、数据分析

学生的相关学习数据通常分为结构化数据和非结构化数据，对于非结构化数据，一般采用定量和定性相结合的方法进行分析，并将分析结果通过图表或其他形式呈现。通过对学生在学习过程中的学习数据和学习结果进行分析，可以全面评估学生的学习达标情况，找出学生潜在的问题，并给予针对性的指导。分析是学习分析应用中重要的组成部分，通过分析学生的相关学习数据可以全面了解学生，掌握学生的知识习得情况、学习策略、学习态度等，针对不同学生提供个性化的教学。

三、学生学习

学生的学习具有很强的灵活性，学生可以自主选择自己喜欢和需要的内容进行学习。通过学习分析我们可以知道，学生进行学习时的学习策略、学习时间、学习内容、学习路径等相关信息。

四、结果反馈

学习分析的结果主要为学生、教师提供反馈。学生可以根据学习分析的结果明确自己对知识的掌握程度，知道自己是否能运用学习的知识解决同类问题，明确自己知识的薄弱环节，对症下药，达到学习的最优化；而针对已经掌握的内容，通过反复练习，达到熟练运用的程度。这样的方式真正发挥了反馈的作用，能够使学生的学习效率得到更大的提升。教师通过学生学习的相关数据以及与学生的交流，可以全面掌握学生的学习进展情况，并根据学生的知识掌握程度为其提供相应的教学内容与教学策略。为学生提供针对他们各自学习问题的反馈，对表现良好的学生给予表扬和鼓励，对于学习策略使用错误的学生给予正确的引导，有效地完善教学策略。

五、干预调整

进行学习分析的目的主要是对学生个体、教师实施适当的干预。通过对学生、教师的适当干预来促进学生的学习，提高教学的质量。学生通过对自身学习过程和学习结果的自我分析，明确自己的问题所在，自觉改变学习态度，使用正确的学习策略努力学习，提高学习成绩，这是学生对自身学习的干预。教师根据学生学习数据和与学生的交流内容的分析，能全面掌握学生的学习情况，有效地对学生的学习进行干预，帮助学生学习，使其对所学的内容达到熟练的程度，这是教师对学生实施的干预。通过对学生学习情况的分析，针对不同的学生使用不同的教学策略，提供不同的学习内容，制订不同的教学计划，这是教师对自身教学的干预。因此，通过学习分析，不断对学生、教师实施干预，利用学生在学习过程中产生的数据来观察和评价学生的学习，将更有利于为学生的学习提供针对性的指导和帮助。

问题三：常用的学习分析工具有哪些？

学习分析工具依据不同的规则，可进行不同的分类，如根据专业程度，可分为通用工具和专用工具；根据分析结果的描述方法，可分为可视化工具和非可视化工具；根据工具的可扩展性，可分为提供开发接口的和不提供开发接口的。本章我们根据各种学习分析工具侧重的分析对象与类型，将其分为学习网络分析工具、学习内容分析工具、学习能力分析工具、学习行为分析工具及综合性分析工具。

社交性网络近年来发展迅速，成为平台中学习交互的重要工具，从而产生了大量数据。学习网络分析工具就是以这些数据为分析对象，重点分析两类问题。

第一，以学习个体为研究对象，关注某个体在学习平台中的活跃程度如何，与哪些学习同伴交互信息，从哪些同伴处得到了哪些启示，对哪些内容存在认知困难，哪些因素影响了学生的知识建构等。第二，以学习网络作为研究对象，分析网络中个体之间的关系、角色、网络形成的过程与特点、网络中学习信息的分布及学习进展等，还可以分析学生如何在网络学习中建立并维持关系从而为自己的学习提供支持。

常见的网络学习分析工具有 SNAPP、Gephi、NetMiner、UCINET、Paek、GUESS、JUNG、NodeXL、Cohere 等。

使用 SNAPP 可以从学习管理系统的论坛中提取数据。例如，根据参与讨论者、参与讨论人数、发帖数、回帖数等，进行自我中心社会网络分析、小团体分析、中心性分析等社会网络分析，并实时以社会网络关系图呈现可视化结果。此外，它关注学生发帖互动的频率和反应时间，以网络图的形式展现学生的讨论动态，方便教师了解所有学生参与讨论的情况，及时对不活跃、不积极的学生或群体进行干预，针对问题调整教学策略。它可与在线学习平台实现无缝对接。

Gephi 定位于复杂网络分析，主要用于分析各种网络和复杂系统，可分析多达 5 万个节点、100 万条边际的复杂网络。它提供 10 余种不同的布局算法，可实现实时动态分析、时段动态分析、无标度网络分析、分层图示等交互可视化与数据探测。它还可用做探索性数据分析、链接分析、社交网络分析、生物网络分析、新媒体分析等，具有较强的多媒体展示功能，提供 API 接口，便于功能扩展。

一、学习内容分析工具

学习内容分析工具主要分析两类问题：第一，以学习过程中师生互动、生生互动所产生的内容作为研究对象，如面对面的对话、网络课程与会议中产生的文本、网上同步、异步交流等。关注学习对话，分析学习交流中话语的文本含义，关注学生知识建构过程，使研究者对学习发生的过程有更清晰的认识，既可以进行定性分析，也可以进行定量分析。第二，以学生学习内容本身为研究对象，如文本内容分析、多媒体内容分析等，通过对相似内容的分析、标注，发现特征相似的文本内容，从而提供更符合用户需求的学习内容，实现个性化推荐。

内容分析的工具有很多，如 NVivor、ROST Content Mining 等，NVivor 可以对文字、图片、音频和视频等数据进行定性分析。ROST Content Mining 是一款操作简单而且受大多数人喜欢并使用的免费分析工具，主要协助各学科完成文本分析和内容分析的研究，所有的文本、网页、博客等各种文本字段都可以使用本分析工具，主要包括字频、分类、被引频次等的分析。

二、学习能力分析工具

学习能力分析工具以学生的学习能力、学习水平为分析对象，通过量表、博客或考试等形式对学生的学习能力、学习水平等维度（如探究意识、创造力、心理弹性等）进行测试，评估学习进展，并将结果以可视化形式反馈给学生及教师。学生根据图示了解自身的学习状况并反思，教师根据图示为学生提供针对性的建议和策略，帮助其提高学习能力。

常见学习能力分析工具有：ELLIment、Enquiry、Blogger、Socrato 等。ELLIment 根据“有效终身学习量表（Effective Life Long Learning Inventory）”将学生的学习能力分为七个维度，即改变与学习、探究意识、意义构建、创造力、学习关系、战略意识和心理弹性。学生在完成量表问卷后，问卷结果会以蛛网的形式反馈给学生及教师。学生根据蛛网图了解自身学习水平，明确自身学习弱势，增强自主学习意识、自我学习能力、诊断能力；教师可根据雷达图掌握全班学生的学习能力，依据学生对自身某一维度或某几个维度的提升意愿，向其提供针对性的建议和策略，帮助学生进行自我调控，提高学习能力。此外，ELLIment 将记录教师的所有指导意见及学生的反思。

三、学习行为分析工具

学习行为分析工具以学生与系统的人机交互数据为研究对象。学生登录系统的时间、访问时间、作业完成时间等都被系统自动捕获并记录。研究者通过对这些学习过程数据的分析，以及监测学生访问系统的行为，了解学生的学习轨迹，学习特征、挖掘学生的行为模式，从而分析学生的学习需求、学习进展等，预测学生未来可能的行为，从而优化教学，为学生提供个性化的服务。

常见的学习行为分析工具有 Google Analytics、Mixpanel 等。Mixpanel 是一款能提供实时 Web 数据分析服务的通用性工具，可实时监测学生访问行为，记录、分析学生特征，追踪评论数。教师可任意选择一个学生，查看其在平台中浏览的页面和学习历史记录，了解其行为特征，预测其行为趋势等。课程管理者可根据不同维度的监测数据衡量学生在平台的学习体验，如运用“漏斗分析”工具，可查看哪些环节、哪些内容学生的缺失率在上升，进而针对该环节进行课程改进。当学生长时间未访问网站时，它可发送消息提醒。此外，Mixpanel 也可统计分析手机 App 中的数据，还可向手机 App 用户推送“手机问卷”，收集学生反馈信息。

四、综合性分析工具

综合性分析工具通常功能强大，本身具有一定的适用性。它一般从数据挖掘、统计分析、联机分析处理等领域借鉴而来，可以对数据进行预处理、分类、回归、聚合、描述性统计、因子分析、聚类分析等，还可以生成报表、可视化图形，能与其他数据处理软件进行数据迁移，并支持数据决策。

常见的综合性学习分析工具有：WEKA、SPSS、SSAS 等。SPSS（Statistical Product and Service Solutions）集数据输入、编辑、统计分析、图表制作、结果报表生成为一体，可支持从策划到数据收集、分析、报告和部署各环节。该工具包含必需的基础分析模块及多个扩展模块。基础分析模块有数据汇总、计数、交叉分析、分类、描述性统计分析、因子分析、回归及聚类分析等功能。扩展模块可实现高阶的统计分析功能，如分析过程数据、复用小样本数据模拟大样本结果，用二维图与感知图呈现数据关系等，进行数据处理与数据挖掘。此外，该工具支持 Python 等编程语言，以实现二次开发。

问题四：如何构建整合学习分析系统的学校管理系统？

教育信息化不仅带来了教学方式的变革，还带来了教学管理的新模式，很多学校开始使用信息化工具来对学校进行管理，构建了属于自己的学校管理系统。学校会根据各职能部门的性质及任务，将学校管理系统划分为教学管理、学生管理、教职工管理、图书管理、财务管理、事务管理等若干业务子系统，这些系统既是学校整体管理系统中的子系统，又是相对独立的职能管理系统。随着学习大数据及学习分析在学校的应用，学校管理者应该考虑将学习分析系统整合到学校的管理系统中。

一、整合学习分析系统

目前很多互联网企业和研究团体已经开发出多种多样的学习分析系统和平台。有些是单独的学习分析系统，更多的是嵌入学习管理系统（LMS）和个性化学习平台（PLE）中的分析工具。一般来说，学习分析系统不能单独存在，常作为“插件”嵌入其他在线学习环境中。美国学习分析研究会（SOLAR）的学者提出一个整合的学习分析系统，主要包括四个部分：分析引擎、学习适应和个性化引擎、干预引擎及仪表盘，如图 7-1 所示。

1. 分析引擎

分析引擎是学习分析系统的核心组成部分。它整合了多个数据处理和分析模块，是学习分析系统的神经中枢。分析引擎包括数据处理、数据分析等核心功能，集成诸如预测、聚类、模式发现、趋势分析等应用模块。分析引擎处理来自学习管理系统、社会网络、物理世界中的学习轨迹数据，数据仓库中的学生基本信息和外部用户指令数据，通过社会网络分析、话语分析、模式分析、机器学习等学习分析技术，形成分析结果，用户根据这些分析结果做出判断和干预。

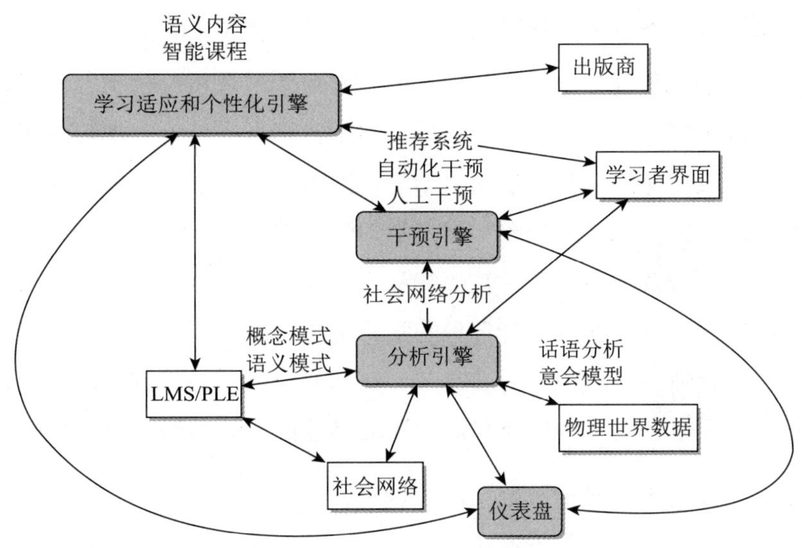

图 7–1 SOLAR 的整合学习分析系统

2. 学习适应和个性化引擎

学习适应和个性化引擎指的是系统根据学习分析的反馈和个人习惯偏好优化学习过程、教学设计和学习内容的能力。例如，系统根据学生爱好为学生提供选课建议，根据用户习惯改善学生的学习体验，根据用户偏好推荐合适的内容等。学习适应和个性化引擎将分析引擎、系统开发者、学习资料提供者联系起来，在出版商等开发者的参与下，对学习内容进行适应性和个性化订制与推送。

3. 干预引擎

干预引擎使用分析引擎产生的预测模型，追踪学生的学习轨迹，提供自动的人为的教育干预。干预引擎通过链接给学生提供学习内容、社交伙伴、导师等资源；通过社交工具，教师可以与学生互动交流；通过预测分析，对问题学生提前引导，对“特别”学生特殊培养。

4. 仪表盘

学习分析结果最终以报告的形式呈现，因此，强调学习分析结果的易理解性，于是催生了“仪表盘”的概念，通过仪表盘呈现可视化的数据分析报告，方便用户对教学和学习做出决策。仪表盘包括四个用户视图，即学生视图、教育者视图、研究者视图和机构视图。不同视图的视角不同，但相互关联。根据不同利益相关者的需求，提供不同的数据展示报告。

二、规划学校的学习分析系统

学习分析工具以及数字化学习环境下的个性化学习分析的模型，为学习分析工具的设计规划和学习行为的分析提供了理论依据。在工具平台支持下，学习分析工具应该以学校管理平台或者区域教育云平台为基础，为学生课堂和课后自主学习提供丰富的支持服务，为学校教育教学场景提供"云+端"模式的教学支持服务。

可以将学习分析系统功能分为教师端和学生端。学生端主要对学生的学习活动参与和结果进行分析反馈，帮助学生了解自身的学习情况；教师端则主要对班级的学习结果进行多维分析，帮助教师了解学生在活动参与、互动交流和测评等方面的情况，了解学习群体差异和学习成绩变化，从而为教师调整教学策略的设计教学活动提供数据支持。

1. 基于学生端的学习分析系统功能设计

（1）学习模块。主要从学习时长、进度、目标掌握、目标得分等方面，对交互式电子教材、微视频、数字课程和网络视频等不同类型的数字课件进行统计。在计分转换方面，课前按权重设定学习时长、进度、目标掌握、目标得分，根据学生的实际参与情况进行统计，并折合权重，计算后作为学习模块得分。

（2）测评与考试模块。测评与考试模块主要对学生参加练习与考试的名称、考试次数、得分等进行统计，以帮助学生了解考试情况和自身知识的薄弱点，并将错误题目加入错题本，方便学生以后复习和巩固。

（3）互动交流模块。互动交流模块主要对学生在交流论坛中的提问数、回答数、回复数和精选问题数等进行统计，并将统计结果按权重比例计分，以帮助了解学生的得分和参与情况。

（4）资源下载模块。资源下载模块主要对不同类型的资源按操作方式、时间、浏览数、下载数、重要程度和热门程度进行统计，以帮助学生了解当前的热门学习资源，并筛选出需要的学习资源。

2. 基于教师端的学习分析系统功能设计

（1）学习平台使用分析。学习平台使用分析主要对学生登录平台的次数和使用时间、访问学习模块和下载热门资源进行统计。其中，在登录次数上，主要对不同时间段学生登录平台的次数进行统计，以了解学生日常参与平台学习的情况；在使用时间上，主要对不同时间段学生的在线学习时间进行统计，并设定固定时间无操作自动退出功能，以了解学生的在线学习时间投入度；在访问学习模块上，主要对不同学习模块的总访问时间按百分比进行统计，以了解学生学习各模块的学习情况；在下载热门资源上，主要对不同类型学习资源的下载量进行分析，以了解学生关注的资源类型和主题。

（2）学习活动分析。学习活动分析主要对学生参与学习活动和学习模块的活跃度进行分析。根据学生的在线学习时间，将参与学习活动活跃度分为非常活跃、活跃和不活跃三种类型，以了解学生整体参与学习活动的情况。而对学习模块活跃度的分析主要指对不同模块的学习时间进行统计，了解模块学习时间的变化趋势，从而进一步了解学生的活动参与取向。

（3）学习交流分析。学习交流分析主要对学生在论坛中的互动情况进行统计。对每日互动交流的分析是对学生的提问数、回答数、回复数、精选问题数和推荐回答数进行统计，以了解学生整体参与互动交流的情况。此外，通过统计，互动交流排行榜上会显示每日在提问数、回答数和回复数中位居前三名的学生，用来帮助教师快速获得参与度较高的学生信息。

（4）学习成绩分析。学习成绩分析主要对学生个人和群体的成绩水平进行分析。在学习成绩分布上，按分数段对班级学习成绩分布进行分类，以了解学生的成绩分布；在学习模块得分上，对不同学习模块的平均分、最高分和最低分进行统计，以了解学生在不同学习模块的差异程度；在学习成绩变化上，对学生参与不同类型的测评成绩变化进行分析，以了解每位学生的学习表现；在学习成绩排名上，按成绩高低进行排名，以了解每位学生在班级中所处的位置。

问题五：学习分析发展面临的挑战有哪些？

学习分析在大数据的浪潮中应运而生，为我们提供了基于海量数据发现规律与问题解决策略的方法与工具，同时也带来了数据分析与应用过程中必然要面对的问题。

一、数据采集与处理技术的局限性

大数据是学习分析得以实施的前提，当前大数据应用于教育面对多方挑战，海量的、非结构化的学习轨迹数据，难以被典型数据库软件工具捕捉、储存、管理和分析，只有大数据技术创新才能解决学习分析中的基础问题。数据与技术挑战，就是指选取什么数据，建立什么模型，如何处理数据的问题。首先，虽然大数据关注的是数据的关系而非因果，但因为系统的复杂性，混沌世界发现的规律常常出现“蝴蝶效应”，如果不加选择地利用不合理的数据，让数据主宰人类决策，必将导致荒谬。其次，被广泛接受和检验的整体框架仍然有待完善，针对特定情境、特定问题、特定用户的学习分析模型和实现较为稀缺。怎样定义问题，如何选择模型，选择哪种算法更有效，这些都是开放的问题。最后，云计算等大数据关键技术尚不成熟，在大数据存储、计算方面还存在很多问题，这些问题也是学习分析面临的主要技术挑战。

二、隐私与伦理问题

学习分析的对象是学习者与学习相关的数据，因此数据收集与应用过程中必然涉及隐私与伦理问题，数据的来源除学习者、指导者、管理者、研究者的人口学资料外，还包括学习与管理过程的相关数据，利用这些数据时是否应该考虑相关人物的隐私，是否应征求其同意？应用数据进行分析或研究的实施者，是否有数据的使用权，所获得的数据是否应该进行匿名化处理？学习分析被用来预测可能退学或退出课程学习的学生，或用来预测学生可能获得的成绩，教师或管理者在得到这一结果后，通常会采取干预措施，这样做，是否有给学生贴标签之嫌？如何限定数据的使用权？学生或教师作为数据生成者是否有机会了解数据如何被使用以及数据分析的结果？数据的安全性如何保证？以上问题伴随着学习分析的发展涌现出来，涉及隐私与伦理、数据使用权、数据安全、数据透明性等多个方面。解决这些问题，需要政府与教育管理部门、研究组织、研究者共同努力，制定统一的法律、政策、规范，从而为学习分析的研究与应用提供良好的外部环境与机制。

三、尚未形成统一的学习分析标准

学习分析能够挖掘出教育现象背后隐藏的信息或规律，从而为学习成果预测、教学干预、学习的个性化与自适应提供支持。但当前学习分析的应用多集中在研究领域，实践应用与推广仍不理想，究其原因，学习分析的数据来源主要包括各种学习或课程管理系统、社会网络平台、客户端软件等，各种系统的架构体系不同，数据结构不同，采集方法也不同，数据的互通性在很大程度上成为学习分析系统共通共用、进行推广的障碍。

四、制度不够完善和管理能力限制

显然，学习分析面临的问题不是单纯的技术问题，还需要应用者干预和优化。制度不够完善、管理技能方面的缺陷，直接制约学习分析的应用。首先，学习分析需要花费大量的人力、物力、财力，高额成本对于一般学校或者教育机构来说难以接受。其次，学习分析需要具备足够数据素养和技能的人来使用数据，我们目前的一线教师和学校管理者可能还不具备分析和使用数据的能力，甚至抵触学习分析工具的使用。学习和教育是一个社会化过程，研究和发展适应性和个性化的分析方案是学习分析的永恒话题。

本章内容小结

本章我们学习了大数据背景下学习分析的定义和意义（知识检查点 7-1）、数据支持下的学习分析的构成要素（知识检查点 7-2）、常用的学习分析工具（知识检查点 7-3）

和学习分析发展面临的挑战（知识检查点 7-4），讨论了如何规划学校的学习分析系统（能力里程碑 7-1），以及如何提升校长对学生学习数据的管理能力（能力里程碑 7-2）。

本章内容的思维导图如图 7-2 所示。

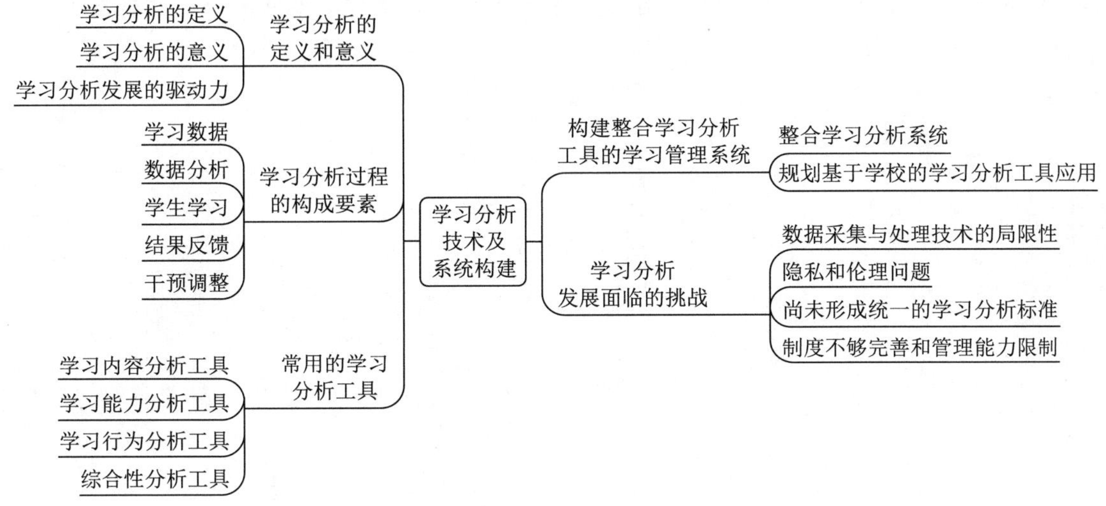

图 7-2 思维导图

自主活动：反思如何分析学生的学习数据

请学习者在学习完本章内容后，进行自我反思，并记录个人学习心得。

小组活动：讨论如何规划学校的学习分析系统

请学习者围绕本章的学习主题进行组内交流，并做好小组学习记录。

评价活动：评价本章知识与能力学习水平

一、名词解释

学习分析（知识检查点 7-1）

学习分析系统（知识检查点 7-1）

二、简述题

1. 简述基于数据的学习分析的主要过程（知识检查点 7-2）。

2. 根据对象与类型的不同，可以将学习分析工具分为哪几类（知识检查点 7-3）？

3. 你认为目前基于大数据的学习分析面临的挑战有哪些（知识检查点 7-4）？

三、实践项目

结合本章的内容，谈谈你对所在学校的学生学习数据管理的想法和下一步打算（能力里程碑 7-2）。

参 考 资 料

[1] 张进良，何高大．学习分析：助推大数据时代高校教师在线专业发展［J］. 远程教育杂志，2014,（1）:12–15.

[2] 刘美凤．校长的信息化领导力［J］. 中小学信息技术教育，2009,（4）:4–7.

[3] 谢忠新，张际平．基于系统视角的校长信息化领导力评价指标研究［J］. 现代教育技术，2009,（4）:73–77.

[4] Vahey P, Rafanan K, Patton C, et al. A cross–disciplinary approach to teaching data literacy and proportionality［J］. Education al Studies in Mathematics, 2012, 81（2）:179–205.

[5] finer W. Games, Data, and Habits of Mind［M］//Mit Werkzeugen Mathematik and Stochastik lernen – UsingTools for Learning Mathematics and Statistics. Springer Fachmedien Wiesbaden, 2014.

[6] 姜枫，许佳秋．大数据可视化技术［M］. 北京：人民邮电出版社，2019.

[7] 姚乐，主启明．赋能大数据教育［M］. 北京：电子工业出版社，2018.

[8] 方海光．教育大数据［M］. 北京：机械工业出版社，2019.

[9] 许佳秋．大数据可视化技术［M］. 北京：人民邮电出版社，2019.

[10] Viktor Mayer–Schonberger. 与大数据同行［M］. 上海：华东师范大学出版社，2015.

[11] 孙祯祥．学校信息化领导力研究［M］. 杭州：浙江大学出版社，2016.

[12] 唐斯斯，杨现民．智慧教育与大数据［M］. 北京：科学出版社，2015.

[13] 金娣，王刚．教育评价与测量［M］. 北京：北京科学教育出版社，2002.

[14] 杨现民，田雪松．中国基础教育大数据 2016—2017：走向数据驱动的精准教学［M］. 北京：科学出版社，2019.

[15]【美】加里·D·鲍里奇．有效教学方法［M］．易东平，译．上海：华东师范大学出版社，2002.

[16] 张鹏高，张生，李宣宣．基于大数据的教育质量综合评价［J］中国教育信息化，2015.

[17] 段霖瑶．大数据时代有效教学的实践路径 [J]，教学与管理，2019.

[18] 王正青，徐辉．大数据时代美国的教育大数据战略与实施 [J]，教育研究，2018(2).

[19] 教育部基础教育司、中央电化教育馆．2017#2018 年度基础教育信息化应用典型示范案例．

[20] 王京强，张艳艳．学校教育教学管理中常用的数据测量和分析方法 [J]．新课程导学，2017(14).

[21] 王玥，赵慧臣．美国校长信息化领导力培养项目的发展变革及其启示 [J]．电化教育研究，2016(06).

[22] 仲小燕．大数据时代教师专业素养发展的新向度与促进路径 [J]．中国成人教育，2016(24):138-140.

[23] 张玮，李哲，奥林泰一郎等．日本教育信息化政策分析及其对中国的启示 [J]．现代教育技术，2017, 03—0005—08.

[24] 蔡梅，孙力．网络教育数据分类与分析研究 [J]．软件导刊．2019. 1672-7800.

[25] 胡钦太，郑凯，林南晖．教育信息化的发展转型：从“数字校园”到“智慧校园”[J]．中国电化教育，2014(1).

[26] 王忠政．教育现象学视角下的高校信息化教学管理体系的构建 [J]．电化教育研究，2016, 37(5):82-86, 91.

[27] 曾拥军．大数据背景下区域教学分析系统构建 [J]．北京教育（普教版）. 2017(11).

[28] 李欢，方海光，张鸽等．基于教育大数据的中小学智慧校园教学管理应用框架研究 [J]．基础教育参考，2019(10).

[29] 张晓冰．基于大数据的教学实践的模型建构与实现路径 [J]．江苏教育研究，2018(12).

[30] 教育部基础教育司，中央电化教育馆．中央电教馆 2017#2018 年度教育信息化应用案例集．

[31] 王良周，于卫红．大数据视角下的学习分析综述 [J]．中国远程教育，2015(3):31-37.

[32] 郭炯，郑晓俊．基于大数据的学习分析研究综述 [J]．中国电化教育研究，2017(1):121-130.

[33] 孟玲玲，顾小清，李泽．学习分析工具比较研究 [J]．开放教育研究，2014(4):66-75.

[34] 武法提，牟智佳．电子书包中基于大数据的学生个性化分析模型构建与实现路径 [J]．中国电化教育，2014, (3):63-69.

[35] 龙草芳．大数据时代数据分析方法概述 [J]．电脑知识与技术，2019(14).

反侵权盗版声明

举报电话：（010）88254396；（010）88258888

传　真：（010）88254397

E-mail：　dbqq@phei.com.cn

通信地址：北京市万寿路173信箱

电子工业出版社总编办公室

邮　编：100036